Writing Activities Workbook and Student Tape Manual

Conrad J. Schmitt

Katia Brillié Lutz

Glencoe McGraw-Hill

New York, New York Columbus, Ohio Woodland Hills, California Peoria, Illinois

Glencoe/McGraw-Hill

A Division of The ***McGraw-Hill*** *Companies*

Send all inquiries to:
Glencoe/McGraw-Hill
21600 Oxnard Street, Suite 500
Woodland Hills, CA 91367

ISBN 0-02-636688-6 (Teacher's Annotated Edition, Writing Activities Workbook)
ISBN 0-02-636689-4 (Teacher's Edition, Student Tape Manual)
ISBN 0-02-636685-1 (Student Edition, Writing Activities Workbook and Student Tape Manual)

Printed in the United States of America.

4 5 6 7 8 9 009 03 02 01 00 99 98

WRITING ACTIVITIES WORKBOOK

TABLE DES MATIÈRES

Nom ______________________ Date ______________________

CHAPITRE

1 UNE AMIE ET UN AMI

VOCABULAIRE

Mots 1

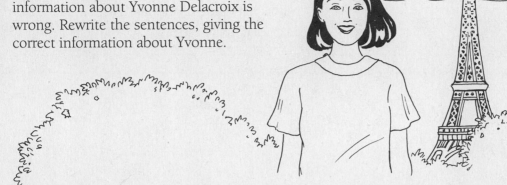

A **Yvonne Delacroix.** All of the following information about Yvonne Delacroix is wrong. Rewrite the sentences, giving the correct information about Yvonne.

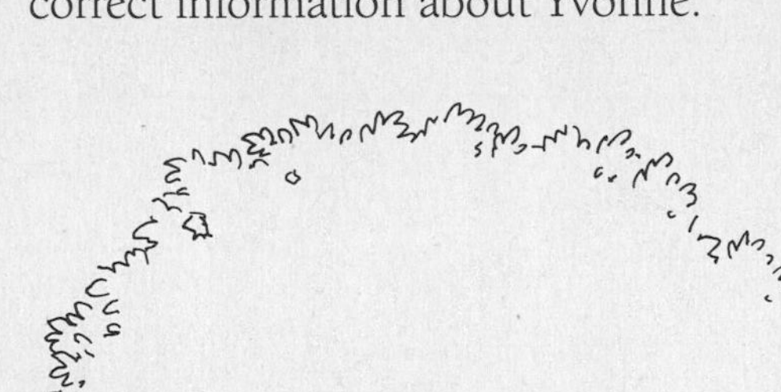

Yvonne Delacroix est américaine. Elle est de New York. Yvonne est blonde. Elle est assez petite. Yvonne est très impatiente.

Yvonne Delacroix est fraicaise. Elle est de Paris. Yvonne est cheaveux marron. Elle n'est pas assez petite. Yvonne n'est pas tre impatiente.

B **Quelle est la réponse?** Select and circle the correct response to each question.

1. Qui est français?
- **a.** Jean-Luc
- **b.** Paris
- **c.** le cahier

2. D'où est Jean-Luc?
- **a.** intelligent
- **b.** français
- **c.** de Lyon

3. Comment est Jean-Luc?
- **a.** Salut!
- **b.** amusant
- **c.** américain

Mots 2

C **Claude Gautier.** The following information about Claude Gautier is all wrong. Rewrite the sentences, giving the correct information about Claude.

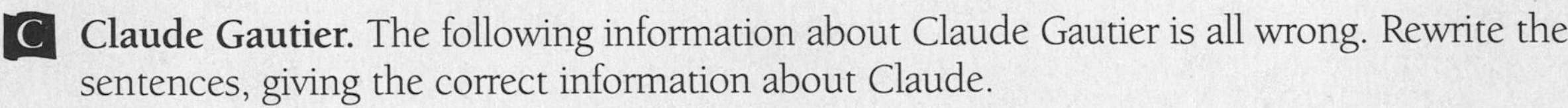

Claude Gautier est américain. Claude est le frère de Paul Delacroix. Claude est élève dans une école secondaire américaine.

____

____

Nom ______________________ Date ______________________

D **Quelle est la réponse?** Select and circle the correct response.

1. Qui est élève?
   a. le lycée
   b. intelligent
   c. Alain
2. Comment est Richard?
   a. élève
   b. intelligent
   c. dans l'école
3. D'où est Carole?
   a. de Paris
   b. dans un lycée
   c. amie
4. Paul est élève où ?
   a. très intelligent
   b. français
   c. dans un lycée à Paris
5. De quelle nationalité est l'amie de Martin?
   a. française
   b. de Paris
   c. un copain
6. Comment est Marie-Claire?
   a. intelligente
   b. américaine
   c. élève

E **Paul Delacroix.** Here's a picture of Paul Delacroix. Write five sentences about Paul.

Paul Delacroix

1. ______________________
2. ______________________
3. ______________________
4. ______________________
5. ______________________

F **Le contraire.** Match the word in the left column with its opposite in the right column.

1. ___	américain	a.	brun
2. ___	blond	b.	élémentaire
3. ___	intelligent	c.	la sœur
4. ___	aimable	d.	stupide
5. ___	le frère	e.	français
6. ___	secondaire	f.	grand
7. ___	petit	g.	désagréable

Nom ______________________ Date ______________________

STRUCTURE

Les articles indéfinis et définis au singulier

A **Le contraire.** Give the opposite of each of the following.

1. une fille ______________
2. une sœur ______________
3. une école secondaire américaine ______________
4. une amie ______________

B **Une fille française.** Complete with *un* or *une*.

Cassandre est ______________ fille française. Cassandre est ______________ élève intelligente dans ______________ lycée à Paris. Elle n'est pas élève dans ______________ école américaine.

Olivier est ______________ garçon français. Olivier est ______________ ami de Cassandre. Il est élève dans ______________ lycée à Paris aussi.

C **Un garçon intéressant.** Complete the cartoon with *le*, *la*, or *l'*.

L'accord des adjectifs au singulier

D **Une fille intéressante.** Complete the cartoon by making each adjective agree with the noun it modifies.

E **La personnalité.** Write a sentence about each person based on the illustration.

1. ____
2. ____
3. ____
4. ____
5. ____

Nom ______________________ Date ______________________

Le verbe être *au singulier*

F **Bonjour!** Complete the following conversation with the correct form of *être*.

OLIVIER: Tu es (1) américaine?

CORINNE: Oui, je suis (2) américaine. Et toi, tu es (3) américain?

OLIVIER: Non. Moi, je ne suis (4) pas américain. Je suis (5) français.

CORINNE: Tu es (6) de Paris?

OLIVIER: Non, je ne suis (7) pas de Paris. Je ______ (8) de Pau dans les Pyrénées. Je ______ (9) élève dans un lycée à Pau.

CORINNE: Je ______ (10) élève dans une école secondaire à Boston.

G **Olivier et Corinne.** Based on the conversation in Exercise F, write three sentences about Olivier and three about Corinne.

1. ______________________
2. ______________________
3. ______________________
4. ______________________
5. ______________________
6. ______________________

La négation

H **Au contraire.** Rewrite the following sentences in the negative.

1. Je suis français(e).

   ____

2. Je suis de Paris.

   ____

3. Monique est américaine.

   ____

4. Monique est élève dans une école secondaire américaine.

   ____

5. Tu es français(e). Tu es élève dans un lycée à Paris.

   ____

Nom ____________________ Date ____________________

UN PEU PLUS

A **Un peu de géographie.** Every chapter in your workbook will include readings. These readings have some unfamiliar words in them, but you should be able to understand them rather easily. You have probably noticed that many French words look a lot like English words. So when you don't know the meaning of a word, take a guess. Try the following reading.

La France est un pays. La France est en Europe. L'Europe est un continent. Paris est la capitale de la France. Paris est une très grande ville. Paris est une ville extrêmement intéressante.

La France est un membre de l'Union Européenne. Le parlement de l'Union Européenne est à Strasbourg.

Nom ______________________ Date ______________________

B **C'est un continent, un pays ou une ville?** Tell whether each of the following is a continent, a country, or a city.

1. l'Afrique ______________________
2. l'Espagne ______________________
3. Strasbourg ______________________
4. l'Europe ______________________
5. le Canada ______________________
6. Rome ______________________

C **Les États-Unis.** Select the correct response.

1. Qu'est-ce que les États-Unis?
   a. un continent
   b. un pays
   c. une ville
2. Quelle est la capitale des États-Unis?
   a. New York
   b. Washington
   c. Chicago

D **La Belgique.** Complete each statement with an appropriate word.

1. La Belgique est un ______________ .
2. La Belgique, comme la France, est aussi en ______________ .
3. La Belgique est un ______________ francophone.
4. La ______________ de la Belgique est Bruxelles.
5. Bruxelles est une grande ______________ intéressante.
6. La Belgique, comme la France, est un ______________ de l'Union Européenne.

Nom ______________________ Date ______________________

MON AUTOBIOGRAPHIE

Begin to write your autobiography in French. You will have fun adding to it throughout the year as you continue with your study of French. By the end of the year you will have a great deal of information about yourself written in French. You will probably be amazed at how much you have learned. You may even want to keep your autobiography and read it again in the future.

To start your autobiography, tell who you are and where you are from. Indicate your nationality and tell where you are a student. Also give a brief description of yourself. What do you look like? How would you describe your personality?

Mon autobiographie

Nom ______________________________ Date ______________________________

CHAPITRE

2 LES COPAINS ET LES COURS

VOCABULAIRE

Mots 1

A **Sylvie et Catherine.** Complete the story about the girls in the illustration.

Sylvie et Catherine ne sont pas américaines. Les deux filles sont ____________ (1). Elles sont amies. Les deux amies ne sont pas blondes. Elles sont ____________ (2). Elles ne sont pas impatientes. Elles sont assez ____________ (3).

B **Jean-Paul et Philippe.** Rewrite the story from Exercise A so it tells about the boys in the illustration.

____

____

____

____

____

C **Des mots.** Give another word that means the same as each of the following.

1. les amies ____________
2. les amis ____________
3. une école secondaire française ____________
4. pas difficile ____________

Nom ______________________ Date ______________________

Mots 2

D **Les cours.** Write the names of all the courses you are taking this year.

____

____

____

____

____

____

____

____

E **C'est quel cours?** Identify the course.

1. les poèmes, les essais, les œuvres théâtrales, les biographies, etc. ______________
2. les organismes vivants, les cellules, les chromosomes ______________
3. les rectangles, les triangles, les cercles, etc. ______________
4. les opéras, les symphonies, les concertos et d'autres compositions orchestrales ______________
5. la grammaire, le vocabulaire et la prononciation de la langue française ______________
6. la peinture, la sculpture, les artistes célèbres ______________

F **C'est quel jour?** Write brief answers to the following questions.

1. C'est quel jour aujourd'hui?

____

2. Et demain?

____

3. C'est quel jour ou quels jours le cours de français?

____

4. Tu es libre le lundi?

____

5. Quels jours es-tu libre?

____

Nom ______________________ Date ______________

STRUCTURE

Le pluriel: Articles et noms

A **Paul et Françoise.** Complete the following story with *le*, *la*, *l'*, or *les*.

Paul est ______(1) ami de Françoise. ______(2) deux copains sont vraiment très amusants. Ils sont aussi très intelligents. Ils sont élèves dans ______(3) même lycée. Le cours d'anglais est le lundi et le jeudi.

______(4) prof d'anglais, Madame Ryan, est une prof excellente. ______(5) cours de Mme Ryan est très intéressant et ______(6) élèves de Mme Ryan sont très intelligents.

Le verbe être *au pluriel*

B **Les lycées.** Rewrite each of the following sentences with *ils* or *elles*.

1. Les deux filles sont françaises.

   ____

2. Les deux garçons sont français.

   ____

3. Les deux filles sont élèves dans un lycée à Saint-Germain-en-Laye.

   ____

4. Les professeurs sont intéressants.

   ____

5. Les deux filles sont amies.

   ____

6. Les deux garçons ne sont pas élèves dans un lycée à Saint-Germain-en-Laye.

   ____

7. Les cours sont dans un lycée à Versailles.

   ____

8. Les salles de classe sont grandes.

   ____

Nom ______________________ Date ______________________

C **Nous et vous.** Complete with *être*.

1. Nous __________ américains et vous aussi, vous __________ américains.
2. Nous __________ de __________ et vous __________ de __________ aussi.
3. Nous __________ élèves dans une école à __________ . Vous __________ élèves dans une école à __________ ?
4. Nous __________ dans la classe de __________ . Vous __________ dans la classe de __________ aussi?

Vous *et* tu

D **Tu es ...? Vous êtes ...?** Ask questions of the people in the pictures using the adjectives indicated. Follow the model.

MODÈLE:

Sylvie/intelligent
Sylvie, tu es intelligente?

1. Madame Legrand/occupé

2. Michel/français

3. Papa/content

4. Charlotte et Charles/américain

5. Mademoiselle Brière/libre

1. ______________________________
2. ______________________________
3. ______________________________
4. ______________________________
5. ______________________________

Nom ______________________________ Date ____________________

L'accord des adjectifs au pluriel

E **Les classes.** Rewrite the following sentences in the plural.

1. La classe est petite.

____

2. Le professeur est excellent.

____

3. L'élève est intelligent.

____

4. L'école est grande.

____

5. Le livre est vraiment intéressant.

____

F **Au pluriel.** Rewrite the following sentences, making all the nouns and pronouns plural. Make all other necessary changes.

1. Il est blond.

____

2. Le cours est chouette.

____

3. Le garçon est populaire et la fille est intéressante.

____

4. Tu es très amusant!

____

5. Le prof est français et l'élève est américain.

____

6. La salle de classe est vraiment moche.

____

Nom ______________________________ Date ______________________

L'heure

G **Quelle heure est-il?** Write sentences telling the time on each of the clocks.

1. ______________________________

2. ______________________________

3. ______________________________

4. ______________________________

5. ______________________________

6. ______________________________

7. ______________________________

8. ______________________________

Nom ________________________ Date ________________

H **L'heure et les cours.** Look at Marie-Claire's class schedule for Monday and tell what time each of her courses is. Follow the model.

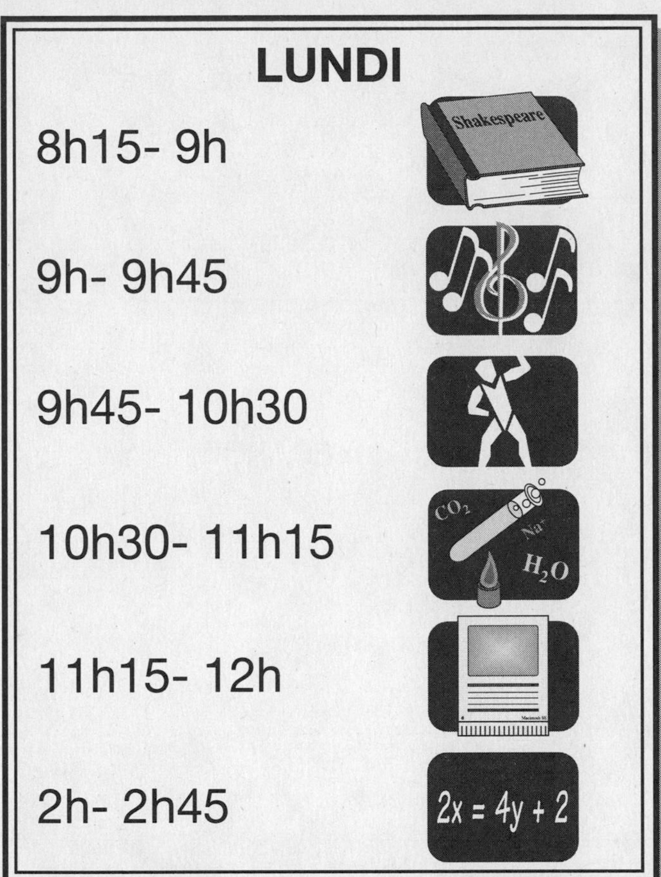

MODÈLE:

Le cours de littérature est de huit heures et quart à neuf heures.

____

____

____

____

____

____

____

____

____

____

Nom ________________________________ Date ____________________

UN PEU PLUS

A **Quelques termes géographiques.** Read the following. Take an educated guess at words you don't know.

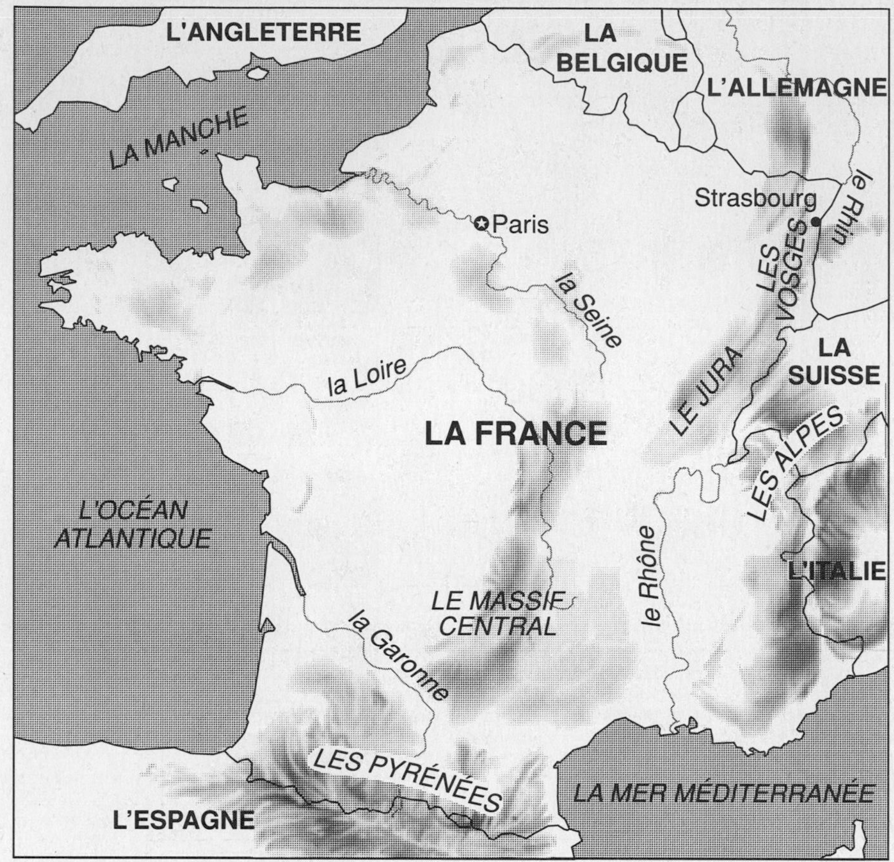

Les Pyrénées sont des montagnes. Où sont les Pyrénées? Elles sont entre la France et l'Espagne. Les Pyrénées forment une frontière naturelle entre les deux pays.

D'autres montagnes en France sont les Alpes, le Jura, les Vosges et le Massif Central.

Les fleuves de la France sont la Seine, la Loire, la Garonne, le Rhône et le Rhin.

D'autres termes géographiques sont l'océan (l'océan Atlantique, par exemple), le lac (les Grands Lacs, par exemple) et la mer (la mer Méditerranée, par exemple).

B **Les frontières françaises.** Look at the map in Exercise A. Then circle the countries in the list below that share a boundary with France.

l'Espagne	la Suisse	la Russie	l'Angleterre
l'Italie	la Grèce	la Belgique	la Pologne

C **La géographie des États-Unis.** Qu'est-ce que c'est?

1. Erie ____________________
2. les Rocheuses (*Rockies*) ____________________
3. le Mississippi ____________________
4. le Pacifique ____________________

Nom ______________________ Date ______________________

MON AUTOBIOGRAPHIE

Write the name of a good friend: ______________ .

Now tell where your friend is from and where he/she is a student. Give a brief description of him/her (*Il/Elle est* ...). Then mention some things the two of you have in common (*Nous sommes* ...).

Mon autobiographie

Nom ________________________________ Date ________________

CHAPITRE

3 EN CLASSE ET APRÈS LES COURS

VOCABULAIRE

Mots 1

A **Où habite le garçon?** Select the correct response.

1. Qui habite rue Saint-Dominique?
   - a. à Paris
   - b. Paul
   - c. la maison
2. Où est la rue Saint-Dominique?
   - a. à Paris
   - b. l'école
   - c. Paul Lafontaine
3. Quand est-ce que Paul quitte la maison?
   - a. pour l'école
   - b. le matin
   - c. en classe
4. Où est-ce que Paul rentre à cinq heures de l'après-midi?
   - a. le professeur
   - b. dans la salle de classe
   - c. à la maison
5. Quand est-ce que Paul étudie?
   - a. beaucoup
   - b. la maison
   - c. le soir

B **À l'école.** Circle the letter of the word that best completes each sentence.

1. L'élève ________ une question.
   - a. passe
   - b. pose
   - c. regarde
2. Les élèves ________ l'histoire.
   - a. étudient
   - b. passent
   - c. arrivent
3. La fille ________ le tableau noir.
   - a. travaille
   - b. écoute
   - c. regarde
4. Le garçon ________ des cassettes.
   - a. écoute
   - b. pose
   - c. quitte

C **Voici Paul Lafontaine.** Write as much about Paul Lafontaine as you can. Include where he lives and what he does on a typical school day.

____

____

____

____

____

Nom ________________________________ Date ____________________

Mots 2

D **À la fête.** Everyone is having a good time at the party. Write a sentence telling what each person or group *is* doing. Write another sentence telling something they are *not* doing.

MODÈLE:

Catherine parle au téléphone.
Elle ne travaille pas.

1. Marc

2. Les amis

3. Michel et Jacqueline

4. David

5. Les copines

1. ____

____

2. ____

____

3. ____

____

4. ____

____

5. ____

____

E **Qui travaille?** Answer briefly with a word or phrase.

1. Qui travaille après les cours?

____

2. Où est-ce qu'il/elle travaille?

____

____

3. Il/Elle travaille combien d'heures par semaine?

____

4. Il/Elle gagne combien de dollars par semaine?

____

F **Des verbes et des noms.** Many of the verbs you have learned have related nouns. Match each verb in the left-hand column with the corresponding noun in the right-hand column.

1. ___	travailler	**a.**	une chanson
2. ___	inviter	**b.**	une danse
3. ___	chanter	**c.**	une entrée
4. ___	arriver	**d.**	un travail
5. ___	danser	**e.**	une étude
6. ___	étudier	**f.**	une invitation
7. ___	entrer	**g.**	une arrivée

G **La fête de la classe de français.** Write about this party in your own words.

STRUCTURE

Le pronom on

A **En classe ou à la maison?** Tell where people are more likely to do each of the following activities—in class or at home. Use the pronoun *on*.

1. passer un examen
   ____
2. regarder le tableau noir
   ____
3. parler au téléphone
   ____
4. écouter un compact disc
   ____
5. écouter le professeur
   ____
6. donner une fête
   ____

Les verbes réguliers en -er au présent

B **Qui arrive à l'école?** Rewrite each sentence, changing the subject and verb from plural to singular or from singular to plural.

1. Les élèves arrivent à l'école à huit heures.
   ____
2. Le garçon quitte la maison à sept heures et demie.
   ____
3. Il entre dans la salle de classe à huit heures et quart.
   ____
4. Les élèves posent des questions.
   ____
5. Le professeur écoute.
   ____

Nom ______________________ Date ______________________

C **Tu aimes ou tu n'aimes pas?** Write whether you like or don't like each of the illustrated school subjects.

1. 

2. 

3. 

4. 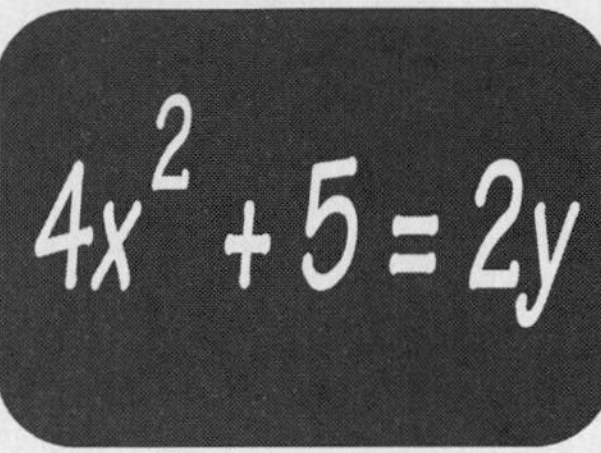

5. 

1. ______________________
2. ______________________
3. ______________________
4. ______________________
5. ______________________

D **Moi.** Answer personally in complete sentences.

1. Tu habites dans quelle ville?

____

2. Tu habites dans une maison ou un appartement?

____

3. Tu regardes la télé? Quand?

____

4. Tu parles au téléphone avec les copains?

____

5. Tu travailles après les cours?

____

6. Tu étudies beaucoup le soir?

____

Nom ______________________________ Date ____________________

E **Une fête.** Complete the paragraph with the correct form of the indicated verb.

Paul et moi, nous ______1______ (aimer) beaucoup les fêtes. Nous ______2______ (préparer) une fête pour vendredi soir. Nous ______3______ (inviter) des amis. Nous ______4______ (donner) la fête chez Paul. Vous ______5______ (aimer) les fêtes? Dans une fête, vous ______6______ (danser)? Vous ______7______ (rigoler)?

F **Qui parle quelle langue?** Complete each sentence with the correct form of *parler*.

1. Moi, je ______________ français et anglais.
2. Tu ______________ les deux langues aussi?
3. Mais Élisabeth, elle ne ______________ pas anglais.
4. Quand je ______________ à Élisabeth, je ______________ toujours français.
5. Élisabeth et moi, nous ne ______________ pas anglais ensemble.
6. Quand tu ______________ à Élisabeth, qu'est-ce que vous ______________ ?
7. Vous ______________ anglais ou français?
8. Nous ______________ japonais!

L'article indéfini au pluriel; La négation des articles indéfinis

G **Des disques, des cassettes.** Rewrite each sentence, changing the italicized words to the plural.

1. Katia regarde *un magazine*.

   ____

2. L'élève pose *une question*.

   ____

3. Les élèves passent *un examen*.

   ____

4. Tu invites *un ami* à la fête?

   ____

5. Vous écoutez *une cassette*?

   ____

Nom ______________________ Date ______________

H **Non, non et non!** Answer each question negatively.

1. Quand tu donnes une fête, tu invites des profs?

____

2. Le professeur écoute un compact disc en classe?

____

3. Vous regardez des livres scolaires le samedi après-midi?

____

4. Tu chantes des chansons en latin?

____

5. Les élèves donnent des examens?

____

Le verbe + l'infinitif

I **Tu aimes ou tu détestes?** Write a sentence telling whether you like or hate to do each of the illustrated activities.

1. 

2. 

3. 

4. 

5. 

6. 

7. 

1. ____
2. ____
3. ____
4. ____
5. ____
6. ____
7. ____

Nom ______________________________ Date ______________________

UN PEU PLUS

A **Des différences.** Read the following. Take an educated guess at the meaning of words you don't know.

> Qu'est-ce que "a faculty" en anglais? C'est l'ensemble des professeurs d'une école ou d'une université. Ce sont les enseignants.
>
> Qu'est-ce qu'*une faculté* en français, alors?
>
> C'est une section d'une université. Une université française est divisée en facultés—la faculté des sciences, la faculté des lettres, la faculté de médecine, etc. Une faculté dans une université française, c'est l'équivalent de "a school" dans une université américaine.

B **Des définitions.** What is the difference in meaning between *la faculté* in French and *faculty* in English?

____

____

____

C **Devinez!** You do not know the verb *enseigner*, but you may be able to guess its meaning by reading the following.

> Le professeur enseigne. Un élève n'enseigne pas.
>
> Les professeurs enseignent dans une école. Les élèves n'enseignent pas. Les élèves étudient.

1. If teachers do this, what do you think the word *enseigner* means? ______________
2. Go back to the reading selection in A and find the noun form of this verb.

   Un professeur est un ______________ .

D **Les langues.** As you continue to study French, you will be able to recognize words in other Romance languages. The Romance languages—French, Spanish, Italian, Portuguese, and Romanian—have a great deal in common because they are all derived from Latin. Look at these words in Spanish and Italian. Can you write their French equivalents?

français	espagnol	italien
______________	cantar	cantare
______________	estudiar	studiare
______________	entrar	intrare
______________	invitar	invitare
______________	la escuela	la scuola

Nom _______________ Date _______________

MON AUTOBIOGRAPHIE

Write about your life as a student. Tell some things you do in school each day. Mention things you like to do and things you don't like to do.

Then tell some things you do after school. If you have a part-time job, be sure to write about it.

Mon autobiographie

Nom ______________________ Date ______________________

CHAPITRE 4 LA FAMILLE ET LA MAISON

VOCABULAIRE

Mots 1

A **La famille Dejarnac.** Look at the following family portrait and give the appropriate names.

1. le père de Christian ______________
2. la mère de Pauline ______________
3. la grand-mère de Pauline ______________
4. la fille de Michel ______________
5. le fils de Robert ______________
6. le frère de Pauline ______________
7. le chien de Pauline ______________
8. le chat de Christian ______________
9. les parents de Michel ______________
10. la sœur de Christian ______________
11. le grand-père de Christian ______________
12. la fille de Colette ______________

Nom ______________________ Date ______________________

B **La famille Rousseau.** Complete the sentences based on the family tree.

1. Denis est __________ d'Anne.
2. Sophie est __________ de Pierre.
3. Cécile est __________ de Denis.
4. Laure est __________ de Marc.
5. Guillaume est __________ de Sophie.
6. Pierre est __________ de Jeanne.
7. Denis est __________ de Laure.
8. Marc et Anne sont __________ de Laure.
9. Laure et Jeanne sont __________ de Pierre.
10. Jeanne est __________ de Denis.
11. Sophie est __________ de Denis.
12. Pierre est __________ de Cécile.

C **La date.** Give the following dates.

1. l'anniversaire de ta mère __________
2. l'anniversaire de ton frère ou de ta sœur __________
3. l'anniversaire de ton père __________
4. ton anniversaire __________

D **Des renseignements.** Give the following information about yourself.

1. ton nom __________
2. ton âge __________
3. ton adresse __________
4. ton numéro de téléphone __________

Nom ______________________________ Date ____________________

Mots 2

E **Une maison.** Look at the floor plan of this house. Identify each room.

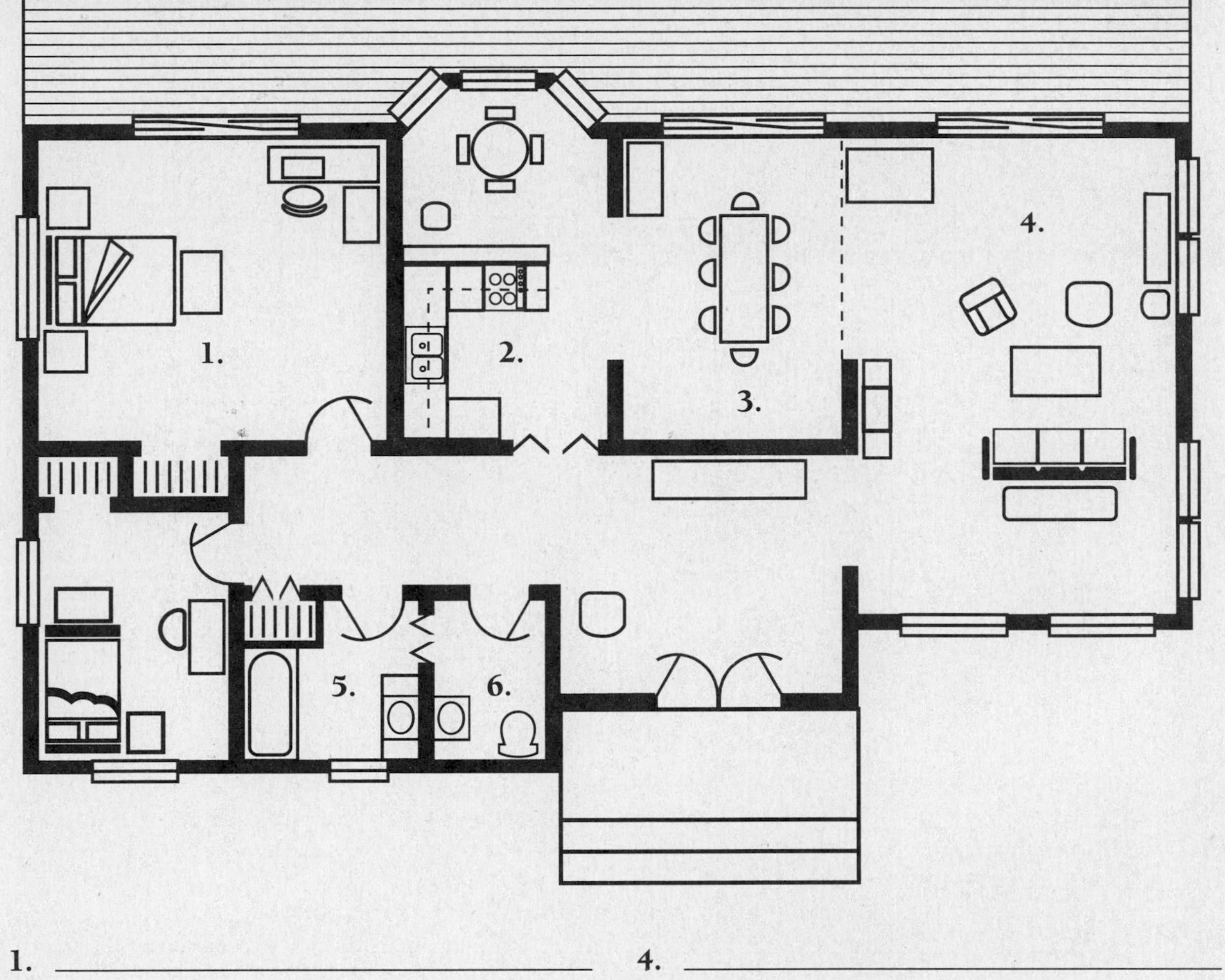

1. ______________________
2. ______________________
3. ______________________
4. ______________________
5. ______________________
6. ______________________

F **Une maison ou un appartement?** Indicate whether each item is associated more with a house or an apartment.

	une maison	un appartement
1. le garage		
2. le balcon		
3. la terrasse		
4. le jardin		
5. l'ascenseur		
6. le cinquième étage		

Nom ______________________ Date ______________________

G **La maison des Haddad.** Answer according to the illustration.

1. La maison est grande ou petite?

____

2. Elle est dans une grande ville ou dans un petit village?

____

3. La maison est près d'une station de métro?

____

4. La maison a un garage?

____

5. Qu'est-ce qu'il y a dans le garage?

____

6. La maison a un jardin?

____

7. Il y a des plantes dans le jardin?

____

Nom ______________________________ Date ____________________

STRUCTURE

Le verbe avoir *au présent*

A **Paul et Carole.** Complete with the correct form of the verb *avoir.*

1. Paul ______________ quatorze ans.
2. La sœur de Paul, Carole, ______________ seize ans.
3. La famille de Paul et Carole ______________ un appartement à Lyon.
4. Les Cordonnier ______________ une belle voiture.
5. Et ils ______________ un chien adorable, Minouche.

B **Ma famille.** Answer personally.

1. Tu as une maison ou un appartement?

   ____

2. Tu as quel âge?

   ____

3. Tu as des sœurs? (Tu as combien de sœurs?)

   ____

4. Tu as des frères? (Tu as combien de frères?)

   ____

5. Ta famille et toi, vous avez un chat ou un chien?

   ____

6. Vous avez une maison ou un appartement dans une grande ville ou dans une petite ville?

   ____

7. La maison ou l'appartement a un garage?

   ____

C **Une petite ou une grande famille?** Complete the conversation with the correct form of *avoir*.

ALAIN: Tu ______________ une grande famille?

SUZANNE: Non, j' ______________ une petite famille. Nous sommes trois.

ALAIN: Tu n' ______________ pas de frères?

SUZANNE: Non, et je n' ______________ pas de sœurs non plus. Mes parents ______________ un seul enfant—moi! Mais nous ______________ un chat adorable.

D **Tu as quel âge?** Give the ages of the following people in Lucie's family.

MODÈLE:

Je/15
J'ai quinze ans.

1. Maman/43

2. Nous/25

3. Hélène et Claire/6

4. Tu/10

5. Vous/60

1. ____________________

2. ____________________

3. ____________________

4. ____________________

5. ____________________

Les adjectifs possessifs

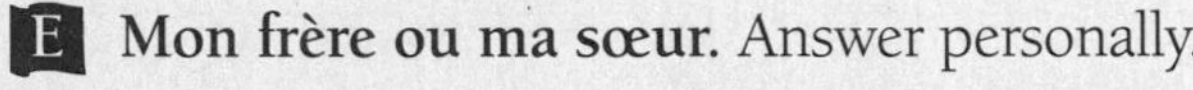

E **Mon frère ou ma sœur.** Answer personally.

1. Qui est ton frère ou ta sœur?

____

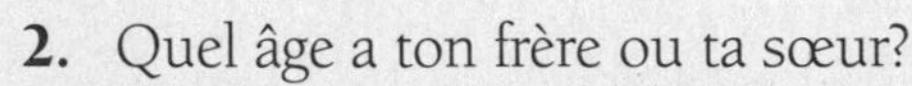

2. Quel âge a ton frère ou ta sœur?

____

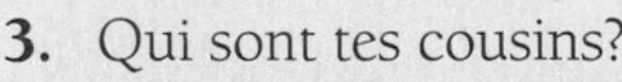

3. Qui sont tes cousins?

____

4. Où habitent tes cousins?

____

5. Ton frère a une amie ou ta sœur a un ami?

____

Nom ______________________________ Date ____________________

F **Mon cousin et ma cousine.** Complete with the appropriate possessive adjectives.

Bonjour, tout le monde! Je suis Samuel Laroche. Guy Laroche est ________(1) cousin et Estelle Goldfarb est ________(2) cousine. Le père de Guy est le frère de ________(3) père et le père d'Estelle est le frère de ________(4) mère.

Mon cousin, Guy, a une amie. ________(5) amie est Nathalie. Nathalie habite tout près de Bordeaux. ________(6) maison n'est pas au centre-ville. ________(7) maison est en banlieue. ________(8) cousin, Guy, et ________(9) amie, Nathalie, ne sont pas élèves dans le même lycée.

Adjectifs qui précèdent le nom

G **Descriptions.** Rewrite each sentence, adding the correct form of the adjective in parentheses.

1. Nous avons un appartement à Paris. (grand)

   ____

2. Mon père a une voiture. (nouveau)

   ____

3. Ma cousine a trois ans. (petit)

   ____

4. Pauline Dejarnac a un chien. (joli)

   ____

H **Quelle famille!** Complete with the appropriate forms of *beau*.

La famille Dejarnac est une très ________(1) famille. Christian est un ________(2) garçon. Sa sœur, Pauline, est une ________(3) fille. M. Dejarnac est un ________(4) homme. Et sa femme, Mme Dejarnac, est une ________(5) femme. Les parents de M. Dejarnac sont ________(6) aussi. Les cousines de Christian sont très ________(7) aussi!

I **C'est vieux.** Complete with the appropriate forms of *vieux*.

1. C'est une ________ maison ou un ________ immeuble?
2. La ________ maison est dans un très ________ village.
3. Le ________ village est très joli.
4. Le ________ village a beaucoup de ________ petites rues.

Nom ________________________________ Date ________________________

UN PEU PLUS

A **Des groupes minoritaires en France.** Read the following. Take an educated guess at the meaning of any word you do not know.

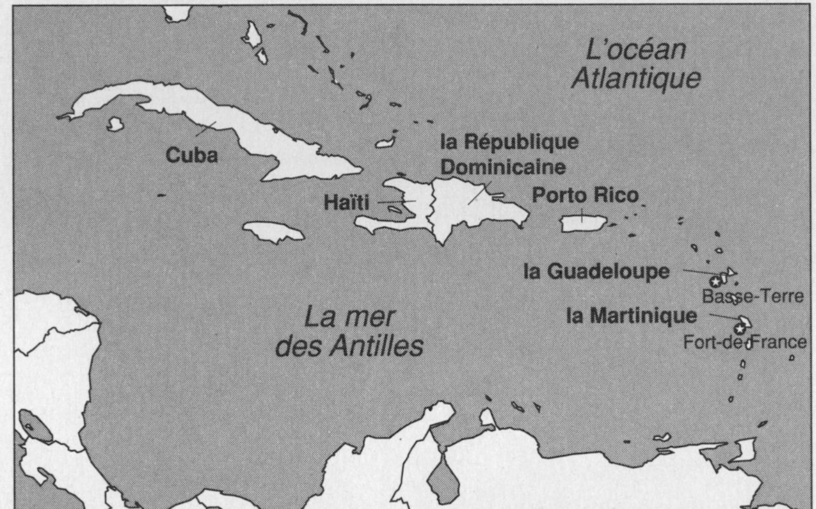

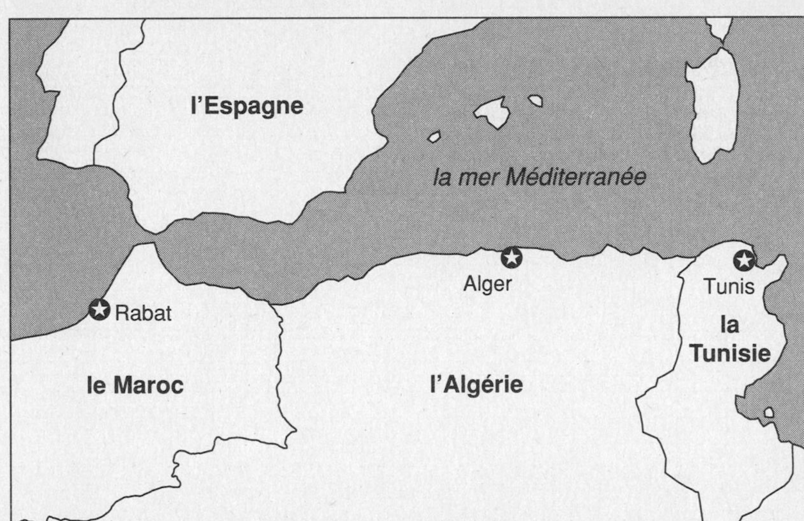

La Martinique est une île des Antilles dans la mer des Caraïbes. Les habitants de la Martinique sont les Martiniquais. Les Martiniquais parlent français parce que la Martinique est un département d'outre-mer de la France. À la Martinique il y a beaucoup d'influence française et il y a aussi beaucoup d'influence africaine. Beaucoup de Martiniquais sont d'origine africaine.

Il y a des Martiniquais qui habitent en France. Il y a aussi des Guadeloupéens, de la Guadeloupe, une autre île des Antilles. Les Antillais, c'est-à-dire les Martiniquais et les Guadeloupéens, sont un groupe minoritaire en France.

Les Arabes forment un très grand groupe minoritaire en France. Les Arabes qui habitent en France sont surtout des Algériens, des Marocains et des Tunisiens. Ce sont des Maghrébins. Des Maghrébins? Oui, parce qu'ils viennent du Maghreb, le nom arabe de la région au nord-ouest de l'Afrique située entre la mer Méditerranée et le désert du Sahara. Le Maghreb, c'est essentiellement l'Algérie, la Tunisie et le Maroc.

Nom ______________________ Date ______________________

B **Trouvez le mot.** Find a word in the reading related to each of the following.

1. la Martinique ____________
2. l'Afrique ____________
3. habiter ____________
4. les Antilles ____________
5. la minorité ____________

C **Des mots apparentés.** Find six cognates in the reading.

1. ____________
2. ____________
3. ____________
4. ____________
5. ____________
6. ____________

D **Répondez.** Answer the following questions.

1. Qu'est-ce que la Martinique?

   ____

2. Où est la Martinique?

   ____

3. Quel est un autre nom pour les Martiniquais et les Guadeloupéens?

   ____

4. Quel est un très grand groupe minoritaire en France?

   ____

5. Quels sont les trois pays (*countries*) du Maghreb?

   ____

6. Où est le Maghreb?

   ____

Nom ______________________ Date ______________________

MON AUTOBIOGRAPHIE

Continue your life story. Tell as much about your family as you can. If you have a pet, be sure to mention him or her. Give the names and ages of each member of your family and describe each of them. Also tell where each person lives.

Then write about where you live and describe your house or apartment. Be sure to include your address and to describe each room.

Mon autobiographie

Nom ______________________________ Date ____________________

SELF-TEST 1

A Complete each sentence with an appropriate word.

1. Yvonne Delacroix n'est pas américaine. Elle est ________________ .
2. Jean-Luc n'est pas blond. Il est ________________ .
3. La fille n'est pas très petite. Elle est assez ________________ .
4. Une école secondaire française est un ________________ .
5. Carole est la sœur de Philippe et Philippe est le ________________ de Carole.
6. Philippe et Alain sont amis. Ils sont ________________ .

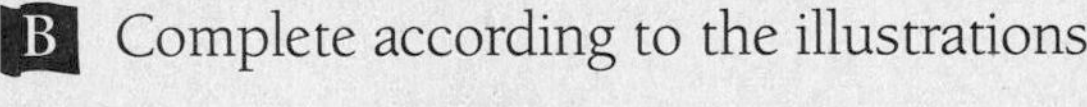

B Complete according to the illustrations.

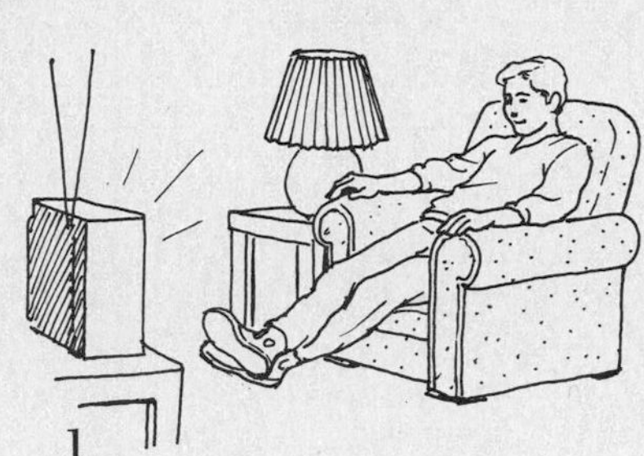

1.

2.

3.

4.

5.

1. Robert ________________ la télé.
2. Monique ________________ des cassettes.
3. Mon père ________________ le dîner.
4. Les élèves ________________ un examen.
5. Ils ________________ pendant la fête.

C Complete with an appropriate word.

1. Mes parents sont ma ________________ et mon ________________ .
2. Les parents de mes parents sont mes ________________ .
3. La sœur de mon père est ma ________________ .
4. Le frère de ma mère est mon ________________ .
5. Les enfants de mes oncles et de mes tantes sont mes ________________ et mes ________________ .

Nom ______________________ Date ______________

D Identify each room of the apartment.

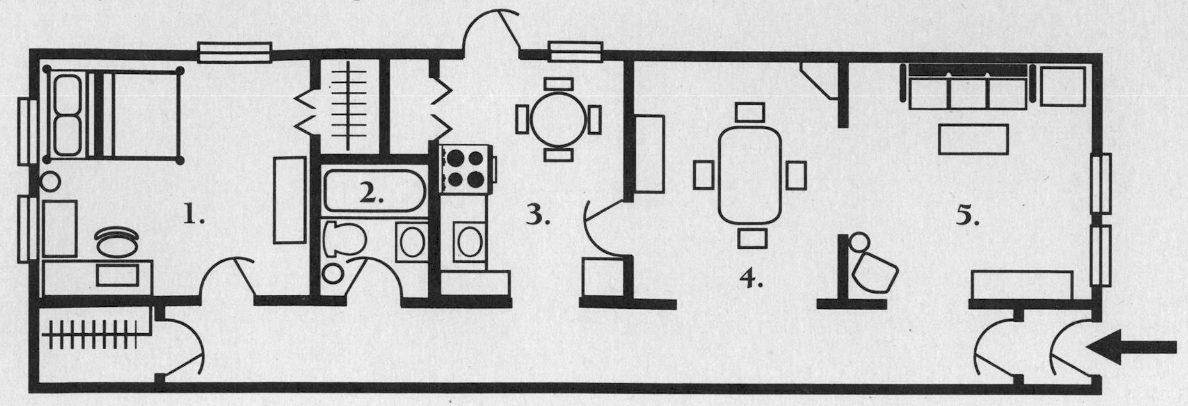

1. ______________________ 4. ______________________

2. ______________________ 5. ______________________

3. ______________________

E Complete the two sentences about each person or pair. Use the correct form of *américain* in the first sentence and the correct form of *sympathique* in the second sentence.

1. Marie est ______________________ .
   Marie est ______________________ .
2. Charles est ______________________ .
   Charles est ______________________ .
3. Marie et Carole sont ______________________ .
   Marie et Carole sont ______________________ .
4. Paul et Charles sont ______________________ .
   Paul et Charles sont ______________________ .

F Complete with *le*, *la*, *l'*, or *les*.

1. ______________ garçon est blond.
2. Et ______________ fille est blonde.
3. Paul est ______________ frère de Suzanne.
4. Suzanne est ______________ amie d'Auguste.
5. ______________ deux amis sont très intelligents et sympathiques.

G Complete with *une*, *un*, or *des*.

1. ______________ école secondaire en France est ______________ lycée.
2. J'écoute ______________ cassette et je regarde ______________ magazines.

Nom ________________________________ Date ____________________

H Complete each sentence with the correct form of *être*.

1. Je ______________ un(e) ami(e) de Camille.
2. Elle ______________ très sympa.
3. Nous ______________ élèves dans le même lycée.
4. Tu ______________ français(e) ou américain(e)?
5. Vous ______________ de New York?
6. Tes parents ______________ sympathiques?

I Complete each sentence with the correct form of *avoir*.

1. J' ______________ une petite famille.
2. Et Robert ______________ une petite famille.
3. Son frère ______________ treize ans.
4. Les parents de Robert et son frère ______________ une maison dans la banlieue de Paris.
5. Vous ______________ une maison ou un appartement?
6. Et toi, tu ______________ une petite ou une grande famille?

J Complete each sentence with the correct form of the indicated verb.

1. Robert ______________ une fête. (donner)
2. Les amis de Robert ______________ . (arriver)
3. Pendant la fête nous ______________ . (danser)
4. Est-ce que tu ______________ danser? (aimer)
5. Moi, j' ______________ danser. (adorer)
6. Vous ______________ la télé pendant la fête? (regarder)

K Select the correct response.

1. Où est Saint-Germain-en-Laye?
   a. à Paris
   b. dans la banlieue parisienne
   c. sur la Côte d'Azur
2. Qu'est-ce que la Sorbonne?
   a. une université à Paris
   b. une ville française
   c. un lycée célèbre à Paris
3. Qu'est-ce qu'un lycée?
   a. un magasin
   b. une école secondaire française
   c. un cours secondaire
4. Qui travaille à mi-temps après les cours?
   a. les élèves français
   b. les élèves américains
   c. les grands-parents
5. Quand on entre dans un immeuble en France, on est ________ .
   a. au premier étage
   b. au deuxième étage
   c. au rez-de-chaussée

Answers appear on page 187.

Nom ______________________ Date ______________

CHAPITRE

5 AU CAFÉ ET AU RESTAURANT

VOCABULAIRE

Mots 1

A **Oui ou non?** Indicate whether the statement is correct or not.

1. Un serveur travaille dans un café ou dans un restaurant. ________
2. Les clients cherchent une table prise. ________
3. Le serveur demande la carte. ________
4. Le serveur donne la carte aux clients. ________
5. Le serveur dit: «Vous désirez?» ________
6. Paul a soif. Il commande un sandwich au jambon. ________
7. Farida a faim. Elle commande un Orangina. ________
8. Je voudrais quelque chose à manger. Je commande un citron pressé. ________

B **Une révision.** Correct the false statements from Exercise A.

1. ______________________________
2. ______________________________
3. ______________________________
4. ______________________________
5. ______________________________
6. ______________________________
____
7. ______________________________
____
8. ______________________________
____

Nom ______________________ Date ______________________

C **Au café.** Write as many sentences about the illustration as you can.

____

____

____

____

____

____

____

____

____

____

____

____

____

____

____

Nom ______________________________ Date ____________________

Mots 2

D **Assiettes et ustensiles.** Write the names of the utensils and dishes you would need if you ordered the following things in a café.

1. une omelette ______________________________
2. un café au lait ______________________________
3. un steak frites ______________________________
4. un citron pressé ______________________________
5. une crêpe au chocolat ______________________________

E **Au restaurant.** Complete each sentence with an appropriate word.

1. La ______________ couvre la table.
2. Une ______________ est pour un café et un ______________ est pour un citron pressé.
3. Le garçon ne va pas au restaurant ______________ . Il y va avec des copains.
4. Le ______________ et le serveur travaillent dans un restaurant.
5. Le contraire d'un steak saignant est un steak ______________ .

F **Oui ou non?** Indicate whether each statement is correct or not.

1. Dans les restaurants en France le service est compris. ________
2. Le serveur donne un pourboire au client. ________
3. Le client laisse un pourboire pour le serveur. ________
4. On déjeune le soir. ________
5. La serviette couvre la table. ________

G **Corrigez les phrases.** Correct the false statements from Exercise F.

1. ______________________________
2. ______________________________
3. ______________________________
4. ______________________________
5. ______________________________

Nom ______________________________ Date ______________________

STRUCTURE

Le verbe aller *au présent*

A **Où est-ce qu'on va?** Write sentences using the verb *aller* and the cues below.

1. Brigitte / en ville ______________________________
2. Patrick / à la fête ______________________________
3. Ils / au théâtre ______________________________
4. Mes parents / au restaurant ______________________________
5. Les élèves / au cours de français ______________________________
6. Marc / au café ______________________________

B **Où vont-ils?** Complete with the correct forms of the verb *aller*.

Après les cours, Thérèse et ses copains ne ______ (1) pas à la maison. Ils ______ (2) en ville. Hélène ______ (3) en ville aussi. Thérèse et François ______ (4) au théâtre. Hélène ______ (5) au restaurant avec une amie. Elles ______ (6) au restaurant à pied. Les deux filles ______ (7) au cinéma après le dîner.

C **Après les cours.** Complete the conversation with the correct forms of *aller*.

JACQUOT: Où est-ce que tu ______ après les cours?
MARIE: Je ______ au café.
JACQUOT: Tu y ______ toute seule?
MARIE: Non, j'y ______ avec des copines. Nous ______ regarder les gens qui passent.
JACQUOT: Vous n' ______ pas au cinéma ce soir?
MARIE: Ah, c'est vendredi. Mais non. Nous n' ______ pas au cinéma. Nous ______ à la fête de René. Tu n'y ______ pas?

D **Ça va?** Complete the conversation with the correct forms of *aller*.

M. BERTRAND: Bonjour, Michel.
MICHEL: Bonjour, monsieur. Comment ______ -vous?
M. BERTRAND: Je vais très bien, merci. Et toi, Michel, comment ______ -tu?
MICHEL: Très bien, merci.

Nom ______________________ Date ______________________

E **Moi.** Answer personally.

1. Tu vas à l'école le dimanche?

____

2. Tu vas à une fête avec des amis?

____

3. Tu vas au restaurant avec ta famille?

____

4. Tu vas souvent au restaurant?

____

5. Tu vas en ville à pied, en autobus ou en métro?

____

Les contractions avec à *et* de

F **Où est-ce qu'on va?** Complete each sentence.

1. En France un garçon qui a treize ans va ________ collège.
2. Et une fille française qui a seize ans va ________ lycée.
3. Aux États-Unis un garçon qui a sept ans va ________ école élémentaire.
4. Une fille américaine qui a seize ans va ________ école secondaire.
5. ________ école ou ________ lycée les élèves parlent ________ professeurs.
6. Et les professeurs parlent ________ élèves.
7. Après les cours, les élèves français vont ________ café.
8. ________ café ils parlent ________ copains.
9. Le service est compris mais ils donnent un pourboire ________ serveur.

G **Mon déjeuner**. Complete the names of these dishes you have ordered for your lunch.

1. une soupe ________ oignon
2. une omelette ________ fines herbes avec des frites et une salade
3. une glace ________ chocolat

H **On va où?** Write sentences according to the model.

l'école / le restaurant
J'arrive de l'école et je vais immédiatement au restaurant.

1. le lycée / le magasin

____

2. l'école / le café

____

3. la classe de Mme Defarge / la classe de M. Binand

____

4. le magasin / la fête de Dominique

____

5. le café / chez Pauline

____

Le futur proche

I **Ils vont ... .** Write what each person is going to do based on the illustrations.

1. Jean-Paul

2. Carole et Antoine

3. Vous

4. Nous

5. Tu

1. ____
2. ____
3. ____
4. ____
5. ____

Nom ________________________________ Date ____________________

J **Qu'est-ce que tu vas faire?** Write three things you are going to do in the near future.

1. ____________________
2. ____________________
3. ____________________

Now write three things you are not going to do.

1. ____________________
2. ____________________
3. ____________________

Les adjectifs possessifs notre, votre, leur

K **Votre famille.** Answer the following questions about yourself and your family.

1. Où est votre maison ou votre appartement?

   ____

2. Il / Elle est grand(e) ou petit(e)?

   ____

3. Votre maison a un jardin?

   ____

4. Il y a de jolies plantes dans votre jardin?

   ____

5. Vous avez une voiture? Quelle est la marque de votre voiture (Ford, Chrysler, etc.)?

   ____

6. Où habitent vos grands-parents?

   ____

7. Quelle est leur adresse?

   ____

8. Vos grands-parents ont combien de petits-enfants?

   ____

Nom ______________________________ Date ____________________

UN PEU PLUS

A **Minuscule ou majuscule?** Read the following.

des lettres minuscules	**a**	**f**
des lettres majuscules	**A**	**F**

En anglais un nom de peuple et son adjectif commencent par une lettre majuscule. En français *le nom de peuple* commence par une lettre majuscule. L'adjectif commence par une lettre minuscule. Regardez ces exemples.

l'anglais	**le français**
The **A**mericans and the **F**rench dine at different hours.	Les **A**méricains et les **F**rançais dînent à des heures différentes.
Allen is an **A**merican student.	Alain est un élève **a**méricain.
Nathalie is a **F**rench student.	Nathalie est une élève **f**rançaise.

Les noms de langues commencent toujours par une lettre majuscule en anglais, mais par une lettre minuscule en français. Regardez ces exemples.

l'anglais	**le français**
Americans speak **E**nglish.	Les **A**méricains parlent **a**nglais.
The **F**rench speak **F**rench.	Les **F**rançais parlent **f**rançais.

B **Trouvez les fautes.** Be a copy editor. Correct the errors in the following sentences.

1. Les français dînent entre sept et neuf heures.
2. Les français parlent français.
3. Il y a beaucoup de restaurants Français à New York.
4. Beaucoup d'américains aiment aller dans des restaurants français.
5. Les Français parlent Français et les Américains parlent Anglais.

C **Phrases sans fautes.** Now look at the corrected sentences from Exercise B.

1. Les Français dînent entre sept et neuf heures.
2. Les Français parlent français.
3. Il y a beaucoup de restaurants français à New York.
4. Beaucoup d'Américains aiment aller dans des restaurants français.
5. Les Français parlent français et les Américains parlent anglais.

D **Manger en France.** Read the following. Take an educated guess at the meanings of any words you don't know.

À quelle heure est-ce qu'on mange en France? Il est difficile de généraliser parce que toutes les familles françaises ne mangent pas à la même heure. Mais en général, le petit déjeuner est entre sept et huit heures. Le déjeuner est entre midi et une heure et le dîner est entre sept heures et neuf heures. Qui mange plus tard, les Américains ou les Français?

Nom ______________________ Date ______________

E **Aux États-Unis.** Write about the United States.

1. À quelle heure est le petit déjeuner aux États-Unis? ______________
2. À quelle heure est le déjeuner? ______________
3. À quelle heure est le dîner? ______________
4. Votre famille déjeune à la maison? ______________
5. Vous dînez à la maison? ______________

F **Qu'est-ce que vous préférez?** A French magazine recently surveyed people about their favorite foods. Read the following question, results, and comments.

CONSENSUS AUTOUR DU GIGOT

Question: **D'une manière générale, pouvez-vous m'indiquer, parmi ces différents plats, les deux ou trois que vous préférez?**			RANG.
	– Le gigot	**46**	1
	– La sole meunière	40	2
	– Le steak frites	33	3
	– Les salades mélangées	32	4
	– Le canard à l'orange	26	5
	– Le pot-au-feu	25	6
	– La choucroute	23	7
	– Les pâtes fraîches	21	8
	– Le cassoulet	18	9
	– Aucun de ceux-ci	–	
	– Sans opinion	1	
		%	(1)

(1) Le total des pourcentages est supérieur à 100, les personnes interrogées ayant pu donner trois réponses.

•Le steak-frites reste le plat préféré des jeunes et des ouvriers (*workers*), et les salades ont un gros succès chez les femmes, les moins de 24 ans et les employés. Quels sont vos plats preferés?

1. ______________
2. ______________
3. ______________
4. ______________
5. ______________
6. ______________

Nom ______________________ Date ______________________

MON AUTOBIOGRAPHIE

Tell whether or not you like to eat in a restaurant. If you do, tell which restaurant(s) you go to. Give a description of a dinner out.

You know quite a few words for foods in French. In your autobiography, write about which foods you like and don't like. Keep your list and compare your likes and dislikes at the end of this year. You may find that your tastes have changed!

Mon autobiographie

Nom ______________________ Date ______________________

CHAPITRE

6 ON FAIT LES COURSES

VOCABULAIRE

Mots 1

A **Qu'est-ce que c'est?** Write what you see in each illustration.

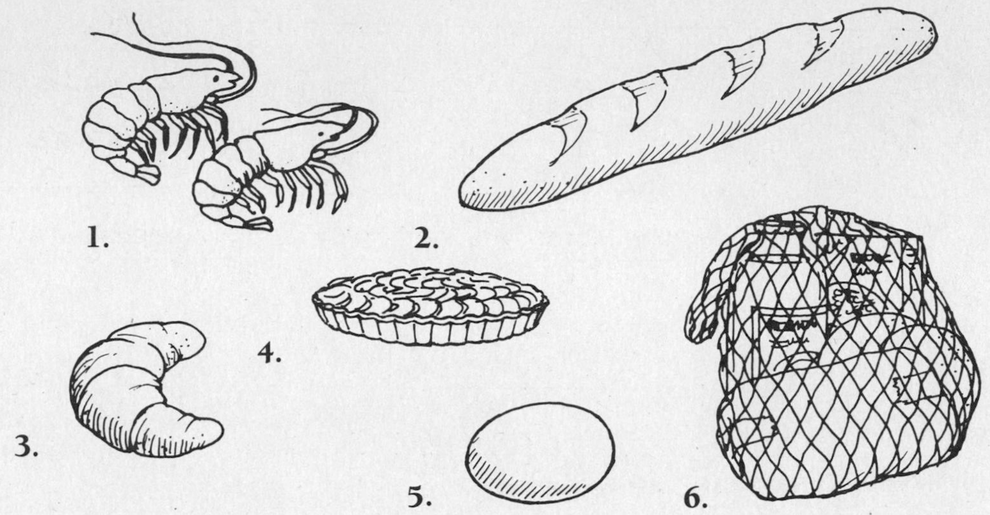

1. ______________________
2. ______________________
3. ______________________
4. ______________________
5. ______________________
6. ______________________

B **À la boulangerie.** Write as many sentences as you can about the illustration.

____

____

____

____

Nom ______________________ Date ______________________

C **Il va où?** Here is M. Poireau's shopping list. Write which stores he is going to.

1. Il va à ______________________
2. ______________________
3. ______________________
4. ______________________
5. ______________________

1. oeufs et yaourts
2. saucisson
3. bœuf et poulet
4. crevettes
5. croissants et une tarte

D **Madame Latour fait les courses.** Complete each sentence with an appropriate word.

1. Madame Latour paie à la ______________ .
2. Elle a ses provisions dans un ______________ ou dans un ______________ .
3. Madame Latour fait ses ______________ le matin.
4. Elle ______________ du pain tous les jours.

Mots 2

E **Des provisions.** Write the appropriate quantities, based on the illustrations.

1. deux ______________ d'eau minérale
2. une ______________ d'œufs
3. ______________ d'oignons
4. un ______________ de bœuf
5. un ______________ de moutarde
6. un ______________ de carottes surgelées
7. une ______________ de beurre
8. une ______________ de conserve

Nom ______________________ Date ______________________

F **À l'épicerie.** Complete the following cartoon.

G **Des catégories.** Identify each item as *de la viande*, *du poisson*, *des légumes*, or *des fruits*.

1. des oignons ______________________
2. des bananes ______________________
3. de la sole ______________________
4. du porc ______________________
5. du saucisson ______________________
6. du céleri ______________________
7. des asperges ______________________
8. des poires ______________________
9. des pommes de terre ______________________
10. des pommes ______________________

Nom ______________________________ Date ____________________

STRUCTURE

Le partitif et l'article défini

A Qu'est-ce que tu aimes? Complete each sentence with the appropriate word.

1. — Tu aimes ________ légumes?
   — Moi, j'adore ________ légumes.
   — Tu vas acheter ________ légumes au marché?
   — Oui, je vais acheter ________ carottes.
   — Moi, je prépare ________ légumes tous les soirs.

2. — Tu as ________ jambon?
   — Oui. Pourquoi?
   — Je vais préparer ________ sandwichs.
   — Tu vas faire ________ sandwichs? J'ai aussi ________ fromage.
   — Merci, mais moi, je n'aime pas du tout ________ fromage.
   — Tu n'aimes pas ________ fromage. Sans blague! Moi, j'adore ________ fromage.

Le partitif à la forme négative

B Ce que j'ai et ce que je n'ai pas. Complete the following with an appropriate word.

1. J'ai ________ œufs mais je n'ai pas ________ lait.
2. J'ai ________ tomates mais je n'ai pas ________ laitue.
3. Je vais préparer ________ bœuf. Je ne vais pas préparer ________ poulet.
4. Carole va manger ________ poisson et moi, je vais manger ________ crabe, ________ fruits de mer.
5. Moi, je vais commander ________ bœuf. Je ne vais pas commander ________ poulet.

C Ma famille. Answer personally in complete sentences.

1. Tu as des frères?

   ____

2. Tu as des sœurs?

   ____

3. Tu as des cousins?

   ____

4. Tu as un chien?

   ____

(continued on next page)

5. Tu as un chat?

____

6. Tu aimes les chiens?

____

7. Tu aimes les chats?

____

8. Tu vas acheter un chien ou un chat?

____

Le verbe faire *au présent*

D **Dis donc! Qu'est-ce que tu fais?** Complete with the correct form of the indicated verb.

— René, qu'est-ce que tu ______________ ? (faire)
— Moi, je ______________ au marché. (aller)
— Tu y ______________ tout seul? (aller)
— Non, j'y ______________ avec Sophie. (aller)
— Qu'est-ce que vous ______________ au marché? (faire)
— Qu'est-ce que nous ______________ au marché? Nous ______________ les courses, bien sûr. (faire, faire)
— Tu aimes ______________ les courses? (faire)
— Non, je n'aime pas ______________ les courses mais je ______________ au marché parce que j'aime manger! (faire, aller)

E **À l'école.** Answer personally in complete sentences.

1. Tu fais du français?

____

2. Tes copains font du français ou de l'espagnol?

____

3. Vous faites des maths?

____

4. Ton ami(e) et toi, vous faites de la gymnastique ensemble?

____

Nom ______________________________ Date ______________________________

F **Qu'est-ce qu'ils font?** Write sentences with *faire* based on the illustrations.

1. Nous **2.** Vous **3.** Charles et Antoine **4.** Jeanne

1. ______________________________
2. ______________________________
3. ______________________________
4. ______________________________

Les verbes pouvoir *et* vouloir

G **Tu ne peux pas ou tu ne veux pas? Il y a une différence!** Complete with the indicated verb.

— Tu ______________ (pouvoir) préparer le dîner?
— Je ______________ (vouloir) bien mais je ne ______________ (pouvoir) pas.
— Pourquoi pas?
— Patrick et moi, nous ______________ (vouloir) aller au cinéma.
— Ah, tu ne ______________ (pouvoir) pas faire la cuisine parce que vous ______________ (vouloir) aller au cinéma.

Carole et Patrick ______________ (vouloir) aller au cinéma et c'est pourquoi Carole ne ______________ (pouvoir) pas faire la cuisine.

H **Des études universitaires.** Rewrite the sentences in the plural.

1. Je veux faire attention.

____

2. Elle veut faire des études universitaires.

____

3. Tu peux faire des études universitaires?

____

4. Oui, je peux.

____

Nom ______________________________ Date ____________________

UN PEU PLUS

A When speaking English you can say either *We are going to the butcher shop* or *We are going to the butcher's*. The same option exists in French. Note that one expression puts the emphasis on the store and the other on the merchant. In French you can say: *Je vais à la boucherie* or *je vais chez le boucher*.

Le magasin	**Le marchand/La marchande**
Je vais à la boulangerie.	Je vais chez le boulanger/la boulangère.
Je vais à la pâtisserie.	Je vais chez le pâtissier/la pâtissière.
Je vais à la charcuterie.	Je vais chez le charcutier/la charcutière.

B **Où vas-tu?** Rewrite each sentence that tells where you are going, using the preposition in parentheses.

1. Je vais à la boulangerie. (chez)

____

2. Je vais chez le boucher. (à)

____

3. Je vais à la charcuterie. (chez)

____

4. Je vais chez le pâtissier. (à)

____

5. Je vais à l'épicerie. (chez)

____

C **Coq o'dac.** Look at this ad from a restaurant in Paris and find the following information.

1. What do they sell?

____

2. How long does it take to get it?

____

3. What *arrondissements* can get delivery in 40 minutes?

____

____

COQ ODAC
le bon réflexe!
40 MINUTES POUR LE MEILLEUR POULET ROTI... CHEZ VOUS!
TEL. 42.93.77.77
FAX 42.93.77.00
94, rue des Dames 75017 PARIS
Arrondissements desservis en 40 minutes : 1er - 2e - 8e - 9e - 16e Nord - 17e- Neuilly-Levallois
Pour les autres : accordez-nous un délai de livraison supplémentaire

Nom ______________________ Date ______________________

D **Voilà la carte.** Now look at the menu and then answer the following questions in English.

1. How much is a whole roast chicken?

____

2. How much is half a chicken?

____

3. What is included in the whole meal for 52 francs?

____

____

____

____

4. During what hours can one phone?

____

____

____

5. How much is the minimum order to get free delivery?

____

____

CARTE

Poulet entier rôti à la flamme	97 F
1/2 poulet rôti à la flamme	65 F
Accompagné, à la demande de sa sauce de cuisson	
Salade composée *(poulet, pomme-fruits, céleri, maïs, salade verte, raisins secs)*	49 F
Salade verte, pomme de terre	30 F
Riz (1 pers.) 15 F - Forfait (4 pers.)	50 F

Camembert	15 F	Emmental	19 F
Chèvre	22 F	Yaourt nature	12 F

Petit pain	3 F
Gâteau aux pommes	12 F

FORMULE BUREAU
1 PERSONNE
1/4 poulet rôti à la flamme,
1 salade verte pommes de terre ou riz
1 petit pain
1 boisson non-alcoolisée
couverts fournis
52 F

1 Evian ou Badoit	12 F	1 Bordeaux	49 F
1/2 Evian ou Badoit	7 F	1/2 Bordeaux	27 F
1 Fanta/Sprite	10 F	1 Bordeaux blanc	35 F
1 Coca-Cola/light	10 F	1 Bière "Heineken"	10 F

1/2 (33 cl) ou 1 (65 cl)

Nous recevons vos appels à partir de 10 h
jusqu'à 14 h et l'après-midi de 18 h à 22 h 30
• Tous les jours •
Venez dégustez nos produits sur place.
• Poulets rôtis **"à emporter"** •

TICKETS-RESTAURANT ET CHÈQUES REPAS ACCEPTÉS
LIVRAISON GRATUITE – COMMANDE MINIMUM 52 F
Pour des raisons de sécurité, nos livreurs n'ont jamais plus de 100 F de monnaie

E **Comment dit-on?** Look at the menu again and write the French equivalent for the following expressions.

1. whole roast chicken ______________________
2. green salad ______________________
3. apple cake ______________________
4. non-alcoholic beverage (drink) ______________________
5. utensils (silverware) supplied ______________________

Nom ______________________ Date ______________________

F **Des statistiques intéressantes.** Read the following chart that gives statistics concerning the quantity of various foods the average French person consumes per year.

Consommation moyenne par habitant par an (en kilos et litres) en France		
	au passé	**aujourd'hui**
–pain	73kg	66kg
–légumes	88kg	93kg
–viande de bœuf	17,8kg	18,8kg
–fromage	13,5kg	16kg
–fruits	52kg	49kg
–beurre	9,4kg	8,6kg
–poisson	11,6kg	13,8kg
–pommes de terre	97kg	81kg
–porc frais	8,5kg	9,5kg
–œufs	12,5kg	20kg
–lait	74l	77l
–yaourt	7,8kg	12,5kg
–margarine	2kg	2kg
–eau minérale	56l	69l

G **En hausse ou en baisse?** Look at the chart again and make two lists: one with all the items whose consumption increased (*En hausse*) and the other with all the items whose consumption decreased (*En baisse*).

En hausse	**En baisse**
______________	______________
______________	______________
______________	______________
______________	______________
______________	
______________	
______________	
______________	
______________	

Nom ______________________ Date ______________________

MON AUTOBIOGRAPHIE

Continue the list of foods you like and dislike that you started in *Chapitre 5*. Add the names of foods you learned in this chapter.

Then tell whether or not you like to shop for food. What foods do you buy? Tell where you shop and when. If you never do, tell who does the grocery shopping in the family and tell what you know about his or her shopping habits.

Mon autobiographie

Nom ________________________________ Date ____________________

CHAPITRE

7 L'AÉROPORT ET L'AVION

VOCABULAIRE

Mots 1

A **À l'aéroport.** Write the name of the item in each illustration.

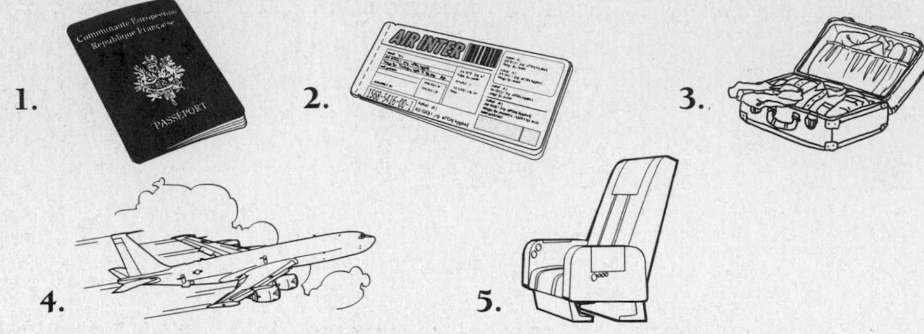

1. ____________________ 4. ____________________

2. ____________________ 5. ____________________

3. ____________________

B **Quel est le mot?** Write another word or expression for each phrase below.

1. un vol qui arrive de Paris ____________________
2. un vol qui va à Paris ____________________
3. un vol qui commence et finit dans le même pays ____________________
4. un vol qui décolle dans un pays et atterrit dans un autre pays

   ____

C **Moi.** Answer personally.

1. Tu voyages beaucoup en avion?

   ____

2. Tu fais enregistrer tes bagages au comptoir de la compagnie aérienne?

   ____

3. Qui vérifie ton billet au comptoir?

   ____

4. À bord de l'avion, tu préfères une place côté couloir ou côté fenêtre?

   ____

Nom ______________________________ Date ______________________

Mots 2

D **À l'aéroport.** Identify each illustration.

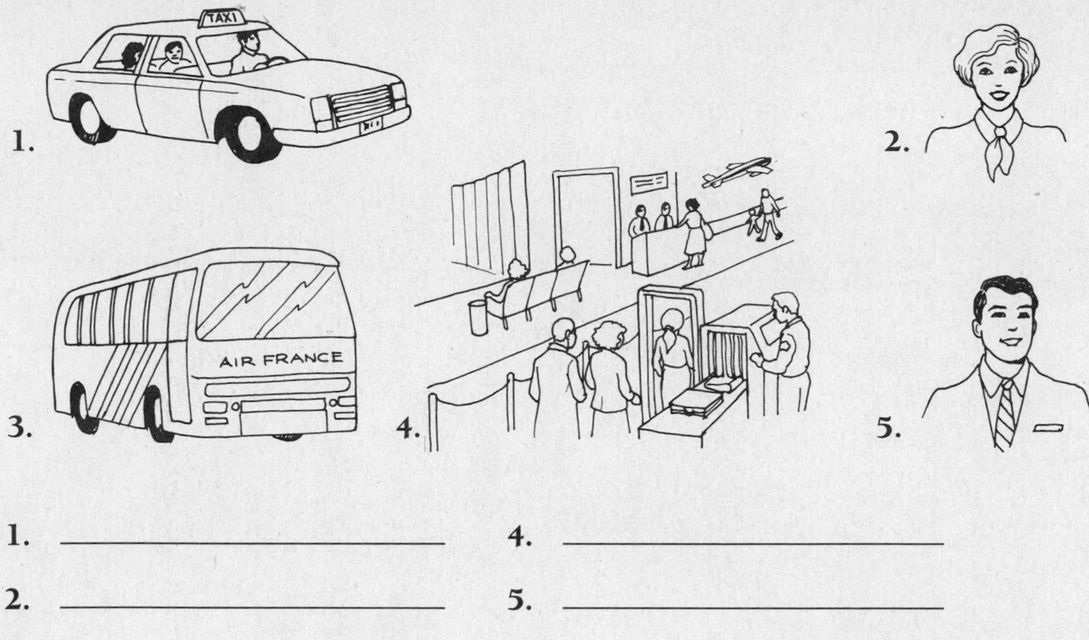

1. ______________________ 4. ______________________

2. ______________________ 5. ______________________

3. ______________________

E **Quelle est votre opinion?** Indicate whether each of the following statements is *vrai* (true) or *faux* (false).

1. ________ Le personnel de bord sert un repas pendant un long vol.
2. ________ Beaucoup de passagers dorment pendant un long vol.
3. ________ Pendant un vol intérieur, on remplit une carte de débarquement.
4. ________ Après un vol international, les passagers passent à la douane.
5. ________ Les passagers récupèrent leurs bagages à la porte d'embarquement.
6. ________ Après un vol intérieur, les passagers passent à la douane.
7. ________ Pour aller de l'aéroport en ville, on peut prendre un taxi.
8. ________ L'autocar est un type de taxi.

F **Quel verbe?** Choose the correct verb to complete each phrase.

passer **récupérer** **vérifier** **sortir** **remplir** **servir** **choisir**

1. ________________ une place côté couloir
2. ________________ à la douane
3. ________________ les bagages
4. ________________ une carte de débarquement
5. ________________ les billets
6. ________________ les bagages du compartiment
7. ________________ un dîner et une boisson à bord

Nom ______________________ Date ______________

STRUCTURE

Les verbes en -ir au présent

A **Un voyage en avion.** Complete with the indicated verb.

1. Yves et Bernard ______________ un vol direct. (choisir)
2. Nous ______________ un vol d'Air France. (choisir)
3. Au comptoir, Bernard ______________ sa place dans l'avion. (choisir)
4. Notre voyage ______________ à Miami. (finir)
5. Pendant le vol Yves ne ______________ pas son dîner. (finir)
6. L'avion ______________ à Miami à 20h. (atterrir)

B **Qu'est-ce qu'ils font?** Write sentences describing the illustrations using the following verbs: *finir*, *obéir*, *réussir*, *remplir*, and *atterrir*.

1. L'avion

2. Le fils

3. Vous

4. Nous

5. Tu

1. ______________________________
2. ______________________________
3. ______________________________
4. ______________________________
5. ______________________________

Nom ____________________ Date ____________________

C **Au pluriel.** Rewrite each sentence in the plural.

1. L'enfant obéit à ses parents.

   ____

2. L'élève réussit à l'examen.

   ____

3. Le passager remplit sa carte de débarquement.

   ____

4. Je choisis ma place.

   ____

5. L'avion atterrit à l'heure.

   ____

Les adjectifs quel *et* tout

D **Quelle est votre préférence?** Complete with the appropriate form of *quel*.

1. Vous préférez ____________ compagnie aérienne?
2. Vous partez de ____________ aéroport pour un vol international?
3. À ____________ aéroport arrivez-vous?
4. ____________ avions préférez-vous? Les petits ou les jumbo jets?
5. ____________ vol arrive de Lyon?
6. De ____________ nationalité est tout le personnel de bord?
7. ____________ classe coûte très cher, la classe économique ou la première classe?
8. ____________ places sont libres?

E **Tout l'avion.** Complete with the appropriate form of *tout* and a definite article.

1. ____________ avion est classe économique.
2. ____________ personnel de bord est français.
3. ____________ stewards sont très sympa.
4. ____________ hôtesses de l'air sont sympa.
5. ____________ cabine est non fumeurs.
6. ____________ sièges sont pris.
7. ____________ vols de la compagnie aérienne sont internationaux.

Nom ______________________ Date ______________________

Les noms et les adjectifs en -al

F **Au pluriel!** Rewrite in the plural.

1. le vol international ______________________
2. le journal ______________________
3. l'animal ______________________
4. le général ______________________

G **Un vol international.** Complete with the correct form of the word indicated.

1. Un vol ____________ arrive maintenant à la porte seize. (international)
2. Deux vols ____________ arrivent à la même heure. (international)
3. Chicago est une des villes ____________ des États-Unis. (principal)
4. O'Hare est l'aéroport ____________ de Chicago. (principal)
5. À O'Hare il y a des vols intérieurs et des vols ____________ . (international)

Les verbes **sortir, partir, dormir** *et* **servir** *au présent*

H **Le passager part pour le Canada.** Rewrite in the singular.

1. Les passagers partent pour Montréal.

   ____

2. Nous partons à sept heures pour arriver à l'heure à l'aéroport.

   ____

3. Pendant le vol les stewards servent des boissons.

   ____

4. Les passagers ne dorment pas. Le vol n'est pas très long.

   ____

I **Tu sors avec qui?** Complete with the correct form of the indicated verb.

1. Je ____________ avec Marie. (sortir)
2. Elle aime faire la cuisine. Elle prépare et ____________ toujours un dîner superbe. (servir)
3. Marie et moi, nous ____________ en vacances. (partir)
4. Vous ____________ en vacances! Quelle chance! (partir)
5. Oui, nous ____________ pour la France. (partir)

Nom ______________________ Date ______________________

UN PEU PLUS

A **Une carte de débarquement.** Fill out the following disembarkation card. Then write five sentences about an imaginary or real trip by airplane.

TWA

CARTE INTERNATIONALE D'EMBARQUEMENT/DÉBARQUEMENT

1. En caractères (d'imprimerie) M. / Mme / Mlle ______________________ Nom
   ______________________ Nom de jeune fille
   ______________________ Prénoms
2. Date de Naissance ______________________ Quantième (Jour) Mois Année
3. Lieu de Naissance ______________________
4. Nationalité ______________________
5. Numéro de passeport ______________________
6. Profession ______________________
7. Domicile ______________________
8. Pour les passagers à l'arrivée: aéroport d'embarquement / Pour les passagers au départ: aéroport de débarquement ______________________

____

____

____

____

____

____

____

____

____

____

Nom ______________________________ Date ______________________

B **Les aéroports de Paris.** Read the following about airports in Paris.

Les aéroports de Paris

Tu vas faire un voyage en France? Ton vol va atterrir à Paris? Mais à Paris il y a trois aéroports. Les deux aéroports principaux sont Orly et Roissy. Un autre, qui est plus petit, est Le Bourget. Le Bourget est surtout pour les vols intérieurs et les vols européens.

Si tu arrives de Los Angeles, Chicago ou New York, ton avion va probablement atterrir à Charles-de-Gaulle à Roissy. Beaucoup de vols internationaux de long-courrier (de longue distance) arrivent à Roissy. C'est un aéroport grand et extrêmement moderne. Roissy est au nord de la ville de Paris. Orly, l'aéroport principal de Paris avant la construction de Charles-de-Gaulle à Roissy, est au sud de la capitale. Mais attention!! Il faut vérifier l'aéroport de ton arrivée. Récemment beaucoup d'avions des États-Unis arrivent à Orly parce qu'il y a trop de trafic aérien à Roissy.

Après ton arrivée à l'aéroport, comment vas-tu aller en ville? Si tu es riche, tu vas prendre un taxi. Sinon, il y a des cars qui vont à l'aérogare des Invalides au centre même de la ville. Il y a aussi le métro qui va de Roissy à Paris en quelques minutes.

C **À Paris.** Find the following information in the reading above.

1. le nombre d'aéroports à Paris ______________________
2. le nom d'un aéroport pour des vols intérieurs et européens
____
3. le principal aéroport pour les vols internationaux
____
4. le nom de l'aéroport à Roissy
____
5. l'aéroport qui a de plus en plus de vols internationaux
____
6. l'aéroport au nord de Paris
____
7. l'aéroport au sud de Paris
____
8. le nom d'une aérogare à Paris
____

Nom ______________________ Date ______________

D **Je comprends!** You have already seen that French shares a lot of vocabulary with the other Romance languages derived from Latin. Look at the expressions below in Spanish, Italian, and Portuguese and notice how much you could understand at an airport in Madrid, Mexico City, Rome, Lisbon, or Rio de Janeiro.

français	espagnol	italien	portugais
la ligne aérienne	la línea aérea	la linea aerea	a linha aerea
le vol	el vuelo	il volo	o vôo
le passeport	el pasaporte	il passaporto	o passaporte
la porte	la puerta	la porta	a porta
la carte d'embarquement	la tarjeta de embarque	la carta d'imbarco	a cartão de embarque
la douane	la aduana	la dogana	a alfândega
la destination	el destino	la destinazione	o destino
le billet	el billete	il biglietto	o bilhete
le passager	el pasajero	il passaggero	o passageiro
le voyage	el viaje	il viaggio	a viagem

E **Les annonces.** Read the following announcements in French, Spanish, and Italian. Do you think you would have any trouble understanding them if you were at an airport in France, Italy, or Spain?

français

Air France annonce le départ de son vol cent cinq à destination de Paris. Embarquement immédiat par la porte numéro sept, s'il vous plaît.

espagnol

Iberia anuncia la salida de su vuelo ciento cinco con destino a Madrid. Embarque inmediato por la puerta número siete, por favor.

italien

Alitalia annuncia la partenza del vuolo cento cinque a destinazione Roma. Imbarco immediato per la porta numero sette, per favore.

F **Horaire d'avions.** Look at this schedule of flights between Paris and Nice and answer the following questions.

PARIS CDG2 • NICE Aérogare 2

VOLS	DÉPART	ARRIVÉE	JOURS L	M	M	J	V	S	D
AF 403	07.20	08.50	[○]	[●]	[●]	[●]	[○]	[●]	
AF 415	08.40	10.10						○	
AF 421	09.35	11.05	V	V	V	V	V	○	V
AF 407	12.35	14.05	●	●	●	●	○	●	[●]
AF 425	15.05	16.35					●	●	●
AF 413	17.35	19.05	V	V	V	V	○	V	[●]
AF 427	18.40	20.10							●
AF 419	20.00	21.30	○	[○]	○	○	○	●	V
AF 429	21.35	23.05	[●]		[●]	●	V		●
UT 837*	21.55	23.20			▲				

* pour Paris ces vols UTA partent et arrivent de CDG 1

● vol rouge　V vol blanc désigné Vacances　● vol rouge　★ vol blanc désigné Loisirs
○ vol blanc　V vol bleu désigné Vacances　○ vol blanc　★ vol bleu désigné Loisirs
● vol bleu　☐ vol désigné Super Vacances　● vol bleu　☐ vol désigné Super Loisirs

▲ Tarifs spécifiques UTA (Première, Galaxy et Economique)

La coloration et la désignation sont données à titre indicatif. Vérifier lors de la réservation.

PARIS ORLY • NICE Aérogare 2

VOLS	DÉPART	ARRIVÉE	JOURS L	M	M	J	V	S	D
IT 045	06.55	08.15	○	○	○	○	○	●	
IT 145	07.55	09.15	○	○	○	○	○	○	
IT 245	08.55	10.15	○	○	○	[●]	[●]	○	
IT 345	09.55	11.15	○	○	○	○	○	○	○
IT 445	10.55	12.15	[●]	[●]	[●]	[●]	[●]	○	○
IT 545	11.55	13.15	●	●	●	●	★	●	●
IT 645	12.55	14.15	●	●	●	●	○	[●]	[●]
IT 745	13.55	15.15	●	●	●	●	○	●	●
IT 845	14.55	16.15	★	★	★	★	○	★	●
IT 055	15.55	17.15	[●]	[●]	[●]	●	○	●	[●]
IT 155	16.55	18.15	●	●	●	○	○	●	★
IT 255	17.55	19.15	●	○	○	○	●		●
IT 355	18.55	20.15	●	○	○	●	●	●	●
IT 455	19.55	21.15	●	○	○	○	○	[●]	●
IT 555	20.55	22.15	★	★	★	○	○	●	★

NEW-YORK (Newark)— ORLY SUD du lundi au samedi / AF 078 / Dép. 18.00 -Arr. 06.55

1. Les vols entre Paris et Nice sont des vols intérieurs ou des vols internationaux?

____

2. D'après l'horaire, il y a trois lignes qui desservent Nice. Les codes sont AF pour Air France, UT pour UTA ou Union de Transports Aériens et IT pour Air Inter. Cherchez le vol AF 413. Il part de quel aéroport à Paris?

____

3. Il part à quelle heure?

____

4. Le vol 413 arrive à Nice à quelle heure?

____

5. Il arrive à quelle aérogare à Nice?

____

6. Cherchez le vol Air Inter 345. Il part de quel aéroport à Paris?

____

7. Il part à quelle heure?

____

8. Il arrive à Nice à quelle heure?

____

9. Il arrive à quelle aérogare à Nice?

____

Nom ______________________ Date ______________

MON AUTOBIOGRAPHIE

Do you like to travel? Do you travel often? Do you travel by plane? If you do, tell about your experiences.

If you don't travel by plane, imagine a trip that you would like to take. Tell something about the airport near your home and something about the flight you are going to take. Include as many details as you can.

Mon autobiographie

Nom ______________________ Date ______________________

CHAPITRE

8 À LA GARE

VOCABULAIRE

Mots 1

A **Qu'est-ce que c'est?** Write the name of each item.

1.

4.

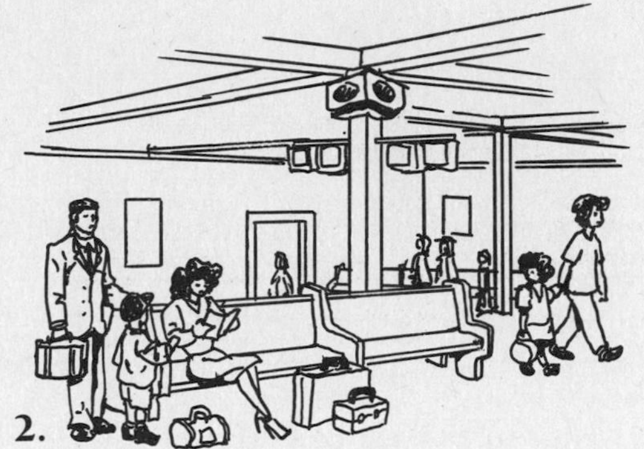

2.

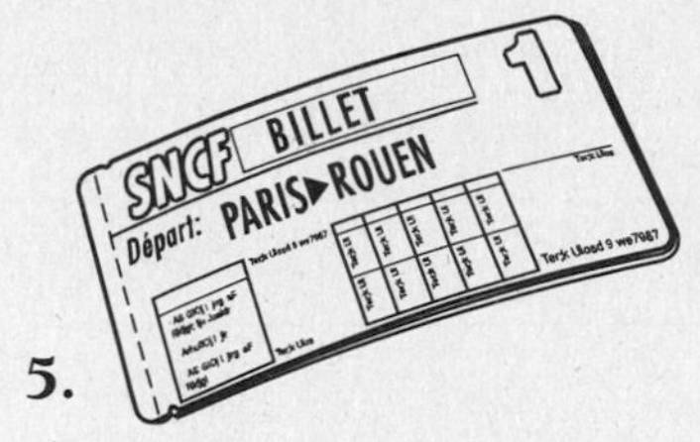

5.

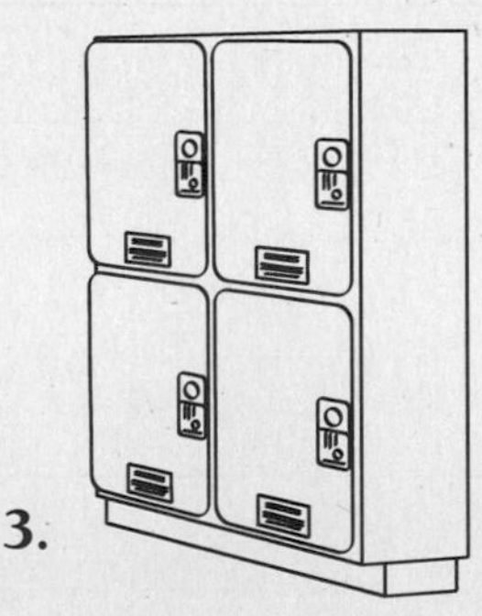

3.

6.

1. ______________________
2. ______________________
3. ______________________
4. ______________________
5. ______________________
6. ______________________

Nom ______________________________ Date ______________________

B **Au guichet à la gare.** Answer in complete sentences based on the illustration.

1. Où est la fille?

____

2. Qu'est-ce qu'elle achète au guichet?

____

3. Elle va voyager en avion?

____

4. Comment est-ce qu'elle va voyager?

____

5. Elle a beaucoup de valises?

____

6. Il y a une longue queue devant le guichet?

____

C **La gare.** Write *vrai* if the statement is true and *faux* if the statement is false.

1. ________ On entend les annonces au haut-parleur.
2. ________ Les passagers achètent leurs billets sur le quai.
3. ________ On vend des magazines, des livres et des journaux au kiosque.
4. ________ Le guichet est sur la voie.
5. ________ Les voyageurs peuvent laisser leurs bagages dans la salle d'attente.

Nom ______________________ Date ______________________

Mots 2

D **Le train.** Write a sentence about each illustration.

1.

2.

3.

4.

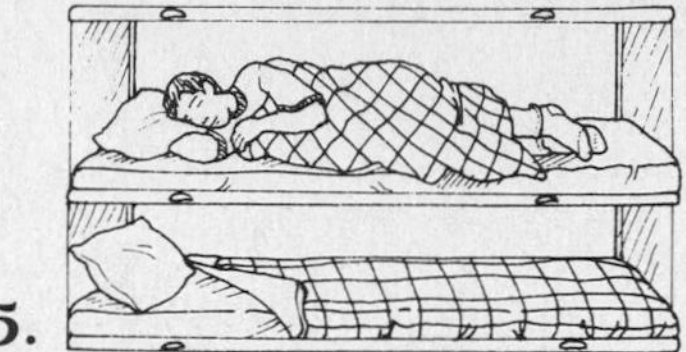
5.

1. ______________________
2. ______________________
3. ______________________
4. ______________________
5. ______________________

E **Dans le train.** Write *vrai* if the statement is true and *faux* if the statement is false.

1. ________ Quand toutes les places sont prises, il y a souvent des voyageurs debout.
2. ________ Les voyageurs dorment dans la voiture-lit.
3. ________ Les voyageurs dorment dans la voiture-restaurant.
4. ________ On sert des repas dans la voiture-restaurant.
5. ________ Un voyageur vérifie le billet.
6. ________ Les voyageurs perdent patience quand le train part à l'heure.

F **Le contraire.** Match each word in the left column with its opposite in the right column.

___ **1.** monter	**a.** debout
___ **2.** assis	**b.** l'arrivée
___ **3.** à l'heure	**c.** vendre
___ **4.** le départ	**d.** descendre
___ **5.** acheter	**e.** en retard

Nom ______________________________ Date ______________________

STRUCTURE

Les verbes en -re au présent

A **Un voyage en train.** Complete with the correct form of the verb in parentheses.

1. On ______________ les billets de train au guichet. (vendre)
2. Les voyageurs ______________ le train dans la salle d'attente. (attendre)
3. J' ______________ l'annonce du départ de notre train. (entendre)
4. Notre train ______________ à l'heure. (partir)
5. Nous ______________ patience quand le train est en retard. (perdre)
6. Le contrôleur est très sympa. Il ______________ aux questions des voyageurs. (répondre)
7. Vous ______________ à quelle gare? (descendre)
8. Moi, je ______________ à Perpignan. (descendre)

B **La gare.** Rewrite each sentence, changing the subject and verb to the singular and making all other necessary changes.

1. Ils vendent des magazines et des journaux au kiosque.

   ____

2. Les voyageurs attendent l'annonce du départ de leur train.

   ____

3. Vous perdez patience?

   ____

4. Vous attendez depuis longtemps?

   ____

5. Vous n'entendez pas l'annonce du départ de votre train?

   ____

6. Nous descendons maintenant ou pas?

   ____

Nom ______________________ Date ______________________

C **Qu'est-ce qu'ils font?** Write sentences telling what the following people are doing.

1. Édouard et Carole

2. Vous

3. Nous

4. Tu

5. Le marchand

1. ______________________
2. ______________________
3. ______________________
4. ______________________
5. ______________________

Les adjectifs démonstratifs

D **Tout le monde est content dans cette classe.** Complete with the correct form of *ce*.

_____ (1) classe a beaucoup d'élèves intelligents. _____ (2) garçon est très bon en français, et _____ (3) fille est très forte en maths. _____ (4) filles font de l'anglais, du russe et du chinois. _____ (5) homme aime _____ (6) école. _____ (7) homme est le professeur de _____ (8) élèves intelligents. _____ (9) garçons et _____ (10) filles aiment bien _____ (11) professeur. Alors, tout le monde est content!

Nom ______________________________ Date ______________________

E **Cette gare?** Complete with the correct form of *ce*.

1. ______________ train va à Avignon.
2. ______________ train part de ______________ voie sur ______________ quai.
3. ______________ voitures sont toutes de deuxième classe.
4. ______________ places sont libres.
5. ______________ billet est un aller simple.

Le verbe mettre *au présent*

F **Qu'est-ce qu'on met où?** Rewrite the subject and verb in the plural or singular.

1. Je mets les billets dans le sac à dos.

   ____

2. Il met le sac à dos dans la consigne automatique.

   ____

3. Nous mettons les bagages à main dans le compartiment au-dessus de la tête.

   ____

4. Le garçon sort le sac à dos de la consigne automatique.

   ____

5. Et moi, je sors les bagages à main du compartiment.

   ____

G **Qu'est-ce que tu mets?** Complete with the correct form of *mettre*.

1. Je ______________ la télé.
2. Et mon copain ______________ la radio.
3. Nous ______________ le couvert.
4. Robert et Céline ______________ les assiettes et tu mets les fourchettes, les couteaux et les cuillères sur la table.
5. Vous ______________ de l'eau dans les verres. Vous remplissez les verres d'eau.

Nom ______________________________ Date ______________________

UN PEU PLUS

A **Horaire.** Look at the schedule of trains between Paris and Rome, and find the answers to the following questions.

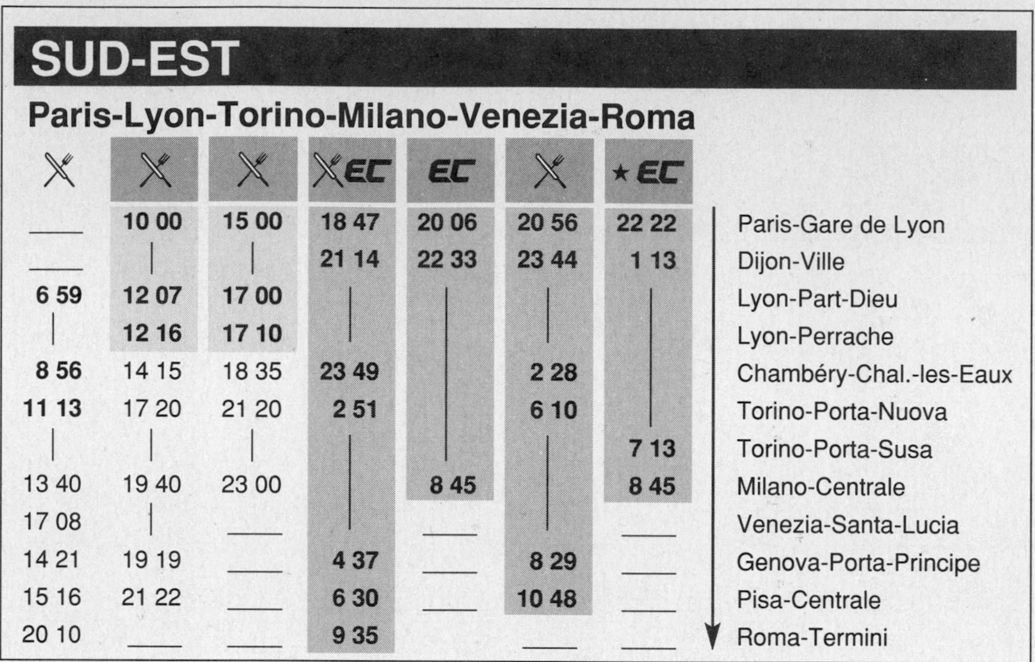

SUD-EST

Paris-Lyon-Torino-Milano-Venezia-Roma

✕	✕	✕	✕ EC	EC	✕	★ EC	
___	10 00	15 00	18 47	20 06	20 56	22 22	Paris-Gare de Lyon
___	│	│	21 14	22 33	23 44	1 13	Dijon-Ville
6 59	12 07	17 00	│	│	│	│	Lyon-Part-Dieu
│	12 16	17 10	│	│	│	│	Lyon-Perrache
8 56	14 15	18 35	23 49	│	2 28	│	Chambéry-Chal.-les-Eaux
11 13	17 20	21 20	2 51	│	6 10	│	Torino-Porta-Nuova
│	│	│	│	│	│	7 13	Torino-Porta-Susa
13 40	19 40	23 00	│	8 45	│	8 45	Milano-Centrale
17 08	│	___	│	___	│	___	Venezia-Santa-Lucia
14 21	19 19	___	4 37	___	8 29	___	Genova-Porta-Principe
15 16	21 22	___	6 30	___	10 48	___	Pisa-Centrale
20 10	___	___	9 35		___	___	Roma-Termini

1. Le train qui part de Paris à 18h47 part de quelle gare?

____

2. Ce train arrive à Rome à quelle heure?

____

3. Quel est le nom de la gare à Rome?

____

4. Le train fait combien d'arrêts *(stops)* entre Paris et Rome?

____

5. On peut descendre de ce train à Lyon-Perrache?

____

6. On peut prendre ce train à Dijon?

____

7. Qu'indiquent la fourchette et le couteau—qu'il y a une voiture-lit ou une voiture-restaurant?

____

Nom ______________________ Date ______________

B **Le TGV en Floride?** See if you can figure out what this article is about.

ACTUALITÉS USA

Le TGV en Floride

Le premier train à grande vitesse américain, le FOX (Florida Overland Express), va relier Miami à Orlando en 2004. Le train va rouler à 450 kilomètres à l'heure. Il va faire le trajet en 90 minutes.

C **Comment dit-on?** Find the French equivalent of the following terms in the newspaper article above.

1. high speed train ______________
2. to connect, link ______________
3. the trip ______________
4. to go (at a certain speed) ______________

D **Un résumé.** Now summarize, in English, the main idea of the article above.

____

____

____

____

____

____

____

____

____

____

____

____

Nom ______________________________ Date ______________________

MON AUTOBIOGRAPHIE

Do you ever travel by train? If so, tell about one of your train trips. If you don't, make one up. Imagine you are traveling by train in France and write something about your trip. Tell whether or not you think train travel is interesting.

If you never travel by train, explain why you don't.

Mon autobiographie

SELF-TEST 2

A Make a list of five things to drink.

1. ____________
2. ____________
3. ____________
4. ____________
5. ____________

B Make a list of five things to eat.

1. ____________
2. ____________
3. ____________
4. ____________
5. ____________

C Complete with an appropriate word.

1. Après les cours les copains ont ____________ ou soif.
2. Ils vont au ____________ .
3. Ils regardent la ____________ et ensuite ils commandent quelque chose.
4. Le ____________ travaille au café ou au restaurant.
5. Marie veut payer. Elle demande l' ____________ .
6. Elle laisse un ____________ pour le serveur.

D Tell where the following items are sold in France.

1. le pain ____________
2. la viande ____________
3. les légumes et les fruits ____________
4. les pâtisseries ____________
5. le lait ____________

E Identify the item in each illustration.

1. 2. 3. 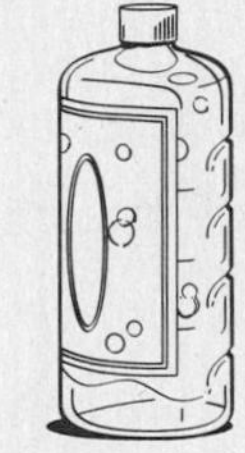 4. 5. 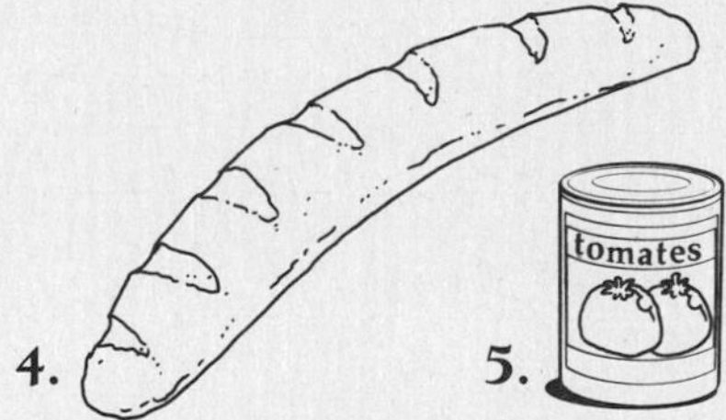

1. ____________
2. ____________
3. ____________
4. ____________
5. ____________

Nom ______________________________ Date ______________________

F Complete with an appropriate word.

1. À l'aéroport les passagers font enregistrer leurs bagages au ____________ .
2. L'agent de la ligne aérienne vérifie les ____________ et les passeports des passagers.
3. Madame Lenôtre choisit sa ____________ à bord de l'avion. Elle veut une place côté couloir.
4. Avant d'aller à la porte d'embarquement les passagers passent par le ____________ .
5. Tous les passagers ont une carte ____________ .
6. L'avion ____________ d'un aéroport et atterrit à un autre.

G Rewrite each statement, correcting the words in italics.

1. Les trains partent *de l'aéroport*.

   ____

2. Les voyageurs attendent le train *à la porte d'embarquement*.

   ____

3. On vend les billets *au kiosque*.

   ____

4. *Le haut-parleur* indique les heures des départs et des arrivées des trains.

   ____

5. *Le steward* travaille dans le train.

   ____

H Complete with the correct form of the verb in parentheses.

1. Je ____________ au café. (aller)
2. Tous mes amis ____________ au même café. (aller)
3. Je ____________ les courses au supermarché. (faire)
4. Qu'est-ce que vous ____________ maintenant? (faire)
5. Qu'est-ce que vous ____________ faire demain? (vouloir)
6. Je ____________ aller au restaurant. (vouloir)
7. Tu ____________ aller à quel restaurant? (vouloir)
8. Mes cousins ____________ téléphoner pour réserver une table. (pouvoir)
9. Tu ____________ toujours le même restaurant. (choisir)
10. Et nous ____________ toujours le même plat. (choisir)
11. Tu ____________ souvent, n'est-ce pas? (sortir)

Nom ______________________ Date ______________________

12. Ton amie et toi, vous ______________ souvent ensemble? (sortir)
13. Le dernier train ______________ à quelle heure? (partir)
14. J' ______________ le train sur le quai. (attendre)
15. Les passagers ______________ le train. (attendre)
16. Tu ______________ cette annonce? (entendre)
17. Je ______________ mes billets dans mon sac à dos. (mettre)

I Complete with the correct form of *à*.

1. Je vais ________ café.
2. Mes amis arrivent ________ hôtel.
3. Ils attendent ________ gare.
4. Je parle ________ élèves de ma classe de français.

J Complete with the appropriate word.

1. Robert va au marché. Il achète ________ fromage.
2. Il aime ________ fromage.
3. Il achète aussi ________ pain. Il fait un sandwich au fromage.
4. Robert n'achète pas ________ bananes.
5. Il n'aime pas ________ bananes.
6. Mais il achète ________ oranges.

K Answer personally.

1. Tu as des frères et des sœurs?

____

2. Qui est ton frère ou ta sœur?

____

3. Où est votre maison ou votre appartement?

____

4. Votre maison ou votre appartement a combien de pièces?

____

5. Vos parents ont combien d'enfants?

____

6. Ils adorent leurs enfants?

____

Nom ______________________ Date ______________

L Rewrite in the plural.

1. le journal international ______________
2. l'île tropicale ______________
3. cette classe ______________
4. tout le village ______________

M Write in the singular.

1. Quelles gares? ______________
2. ces écoles ______________
3. tous les livres ______________
4. ces lycées ______________
5. toutes les classes ______________

N Select the best response.

1. Tu vas faire les courses?
a. Oui, je vais au café.
b. Oui, je vais au marché.
c. Oui, je vais en classe.

2. Tu vas sortir?
a. Oui, je vais aller chez Carole.
b. Oui, je vais attendre le train.
c. Oui, je vais regarder la télé.

3. Tu as faim?
a. Oui, je vais dormir.
b. Oui, j'ai dix ans.
c. Oui, je vais manger quelque chose.

4. Les voyageurs attendent le train?
a. Oui, devant le guichet.
b. Oui, sur le quai.
c. Oui, au kiosque.

5. Où arrive l'avion?
a. À l'aéroport.
b. À la douane.
c. Au contrôle de securité.

6. Où est-ce qu'on achète de l'eau minérale?
a. À la crémerie.
b. Chez le marchand de fruits.
c. À l'épicerie.

7. Tu aimes la viande comment?
a. Bien cuite.
b. Avec un couteau.
c. À la boucherie.

8. Qui crie «En voiture!»?
a. Le porteur.
b. Le voyageur.
c. Le contrôleur.

Answers appear on page 187.

Nom ______________________ Date ______________________

CHAPITRE

9 LES SPORTS ET LES ACTIVITÉS D'ÉTÉ

VOCABULAIRE

Mots 1

A **La plage.** Write the name of each item.

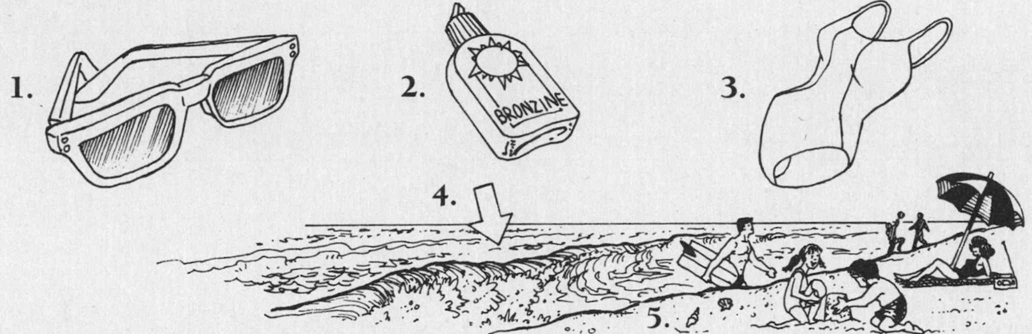

1. ______________________
2. ______________________
3. ______________________
4. ______________________
5. ______________________

B **Les sports d'été.** Write a sentence about each illustration, telling what the people are doing.

1. ______________________
2. ______________________
3. ______________________
4. ______________________
5. ______________________
6. ______________________

Nom ________________________________ Date ____________________

C **Qui adore la plage?** Answer the following questions.

1. Tu aimes aller à la plage?

____

2. Tu y vas avec tes copains?

____

3. Tes copains prennent des bains de soleil à la plage?

____

4. Tu prends des bains de soleil aussi?

____

5. Vous mettez de la crème solaire?

____

6. Tu nages dans la mer?

____

7. Tes copains nagent aussi?

____

8. Tu fais du ski nautique?

____

9. Tes copains font du surf?

____

10. Il y a une plage près de chez toi?

____

D **On apprend quelque chose.** Complete with an appropriate word.

1. Laure apprend à nager. Elle prend des leçons de ________________ .
2. Elle écoute les instructions du ________________ .
3. Laure nage dans la ________________ , pas dans la mer.
4. Laure apprend très vite. Elle ________________ bien les instructions du moniteur.

Nom ______________________________ Date ______________________

Mots 2

E Le tennis. Write the name of each item.

1. 
2. 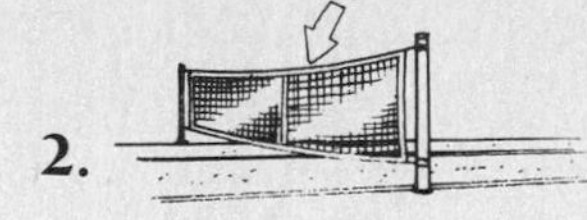
3. 
4. 
5. 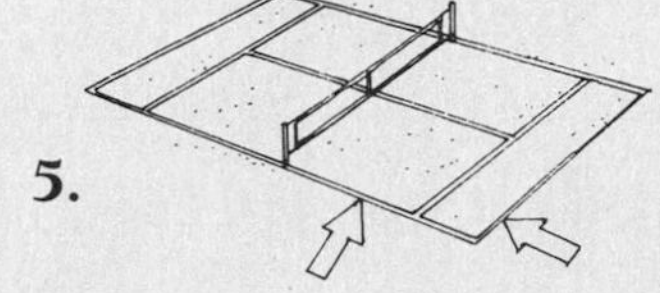
6.

1. ______________________ 4. ______________________

2. ______________________ 5. ______________________

3. ______________________ 6. ______________________

F Des sports. Write a sentence about each illustration.

1. 
2. 
3. 

1. ____

2. ____

3. ____

G Le temps. Complete with an appropriate word.

1. Il fait 15° Fahrenheit. Il fait très ______________ .
2. Il fait ______________ quand il y a beaucoup de soleil.
3. Il n'y a pas de soleil aujourd'hui. Il y a des ______________ .
4. Souvent quand il y a des nuages, il ______________ .
5. Il ne fait pas beau ici. Il fait ______________ .
6. On peut faire de la planche à voile quand il fait du ______________ .
7. Il n'y a pas de nuages. Il fait du ______________ .
8. Il fait du soleil, il fait chaud—il fait ______________ .

Nom ______________________________ Date ______________________

STRUCTURE

Les verbes prendre, apprendre *et* comprendre *au présent*

A **Un voyage en train.** Complete with the correct form of the indicated verb.

1. Le voyageur ______________ son billet au guichet. (prendre)
2. Les voyageurs ______________ le train à Lille. (prendre)
3. Ils ______________ que le train va être en retard. (apprendre)
4. Robert ne ______________ pas l'annonce au haut-parleur. (comprendre)
5. Mais ses copains ______________ l'annonce. (comprendre)

B **Moi!** Answer personally.

1. Tu prends ton petit déjeuner à quelle heure?

____

2. Tu prends du café, du thé, du lait ou du chocolat au petit déjeuner?

____

3. Où est-ce que ta famille et toi prenez votre petit déjeuner?

____

4. Vous prenez votre petit déjeuner ensemble?

____

5. Quand tu vas au restaurant, qu'est-ce que tu prends?

____

6. Quand tu as soif, qu'est-ce que tu prends?

____

7. Tu prends le bus pour aller à l'école?

____

8. Qu'est-ce que tu apprends à l'école?

____

9. Tu comprends le/la prof de français quand il/elle parle?

____

Nom ____ Date ____________________________

C **En classe et après les cours.** Rewrite each sentence, changing the subject to the plural and making all other necessary changes.

1. Il apprend les maths.

____

2. Il comprend les problèmes.

____

3. Après les cours, il prend des leçons de natation.

____

4. Il prend ses leçons de natation à la piscine de l'école.

____

Les pronoms accentués

D **Qui ça?** Complete with the correct pronoun.

1. ________________, je joue au tennis.
2. Et ________________ aussi, tu joues au tennis.
3. ________________, nous jouons souvent ensemble.
4. De temps en temps, nous jouons avec Paul et Mireille. ________________, ils jouent très bien.
5. ________________, elle donne des leçons de tennis.
6. Et ________________, il joue très bien aussi.
7. ________________, il frappe fort.
8. ________________, je sers très bien.

Les adjectifs avec une double consonne

E **Les écoles en Europe.** Complete with the appropriate form of the indicated word.

1. Beaucoup d'écoles ________________ (européen) sont très ________________ (bon).
2. Il y a beaucoup de ________________ (bon) profs dans les écoles ________________ (européen).
3. Les élèves ________________ (européen) aiment avoir de ________________ (bon) notes.
4. Patrick est ________________ (breton). Patrick est un très ________________ (bon) élève.
5. Et bien sûr, sa sœur est ________________ (breton) aussi. Sa sœur, Lucette, est une très ________________ (bon) élève. Et Lucette est très ________________ (gentil) aussi.

UN PEU PLUS

A La Provence. Read the following selection.

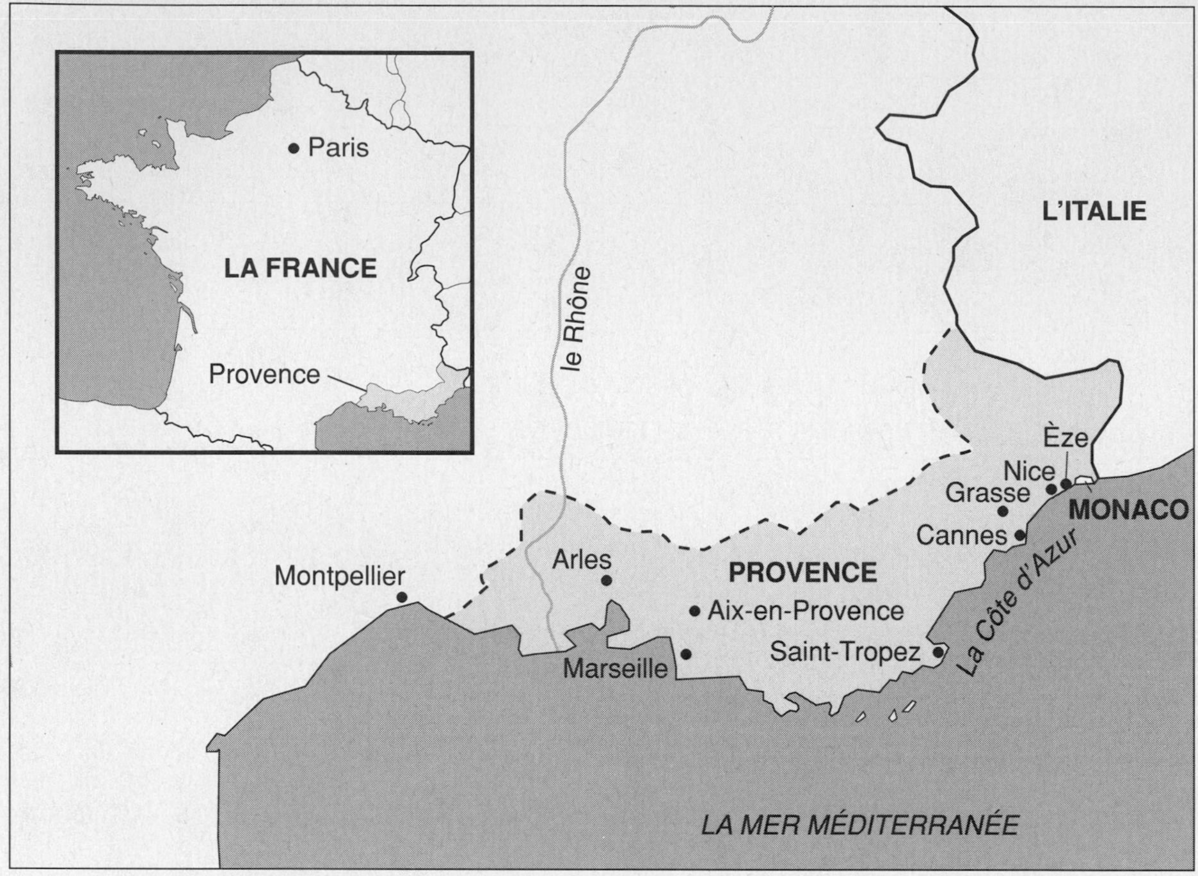

La Provence est située dans le sud-est de la France. C'est une région vraiment ravissante au bord de la Méditerranée. Tout le long de la côte, il y a de jolies plages. C'est la Côte d'Azur. Beaucoup de Français choisissent les stations balnéaires de la Côte d'Azur pour leurs vacances d'été. Après un mois sous le soleil de Nice, Cannes, Èze-sur-mer ou Saint-Tropez, ils rentrent chez eux bien bronzés.

La Provence est aussi une région de couleurs—le bleu du ciel et de la mer, le rouge des rochers et les mille couleurs des fleurs. Grasse, une petite ville dans les montagnes près des plages de la Côte d'Azur, est célèbre pour ses fleurs. Les fleurs sont très jolies, mais elles sont aussi très importantes. Pourquoi? Parce qu'on utilise ces fleurs pour faire les célèbres parfums français.

La Provence est une région riche en histoire. Beaucoup de touristes font des excursions à Arles, une ancienne ville romaine. À Arles, ils visitent les arènes, un amphithéâtre de l'époque romaine. Les arènes sont toujours utilisées pour des spectacles, surtout des courses de taureaux.

Nom ______________________________ Date ______________________

B **Un peu de géographie.** Based on the reading, choose the correct response.

1. Où est la Provence?
   a. Au nord de Paris.
   b. Sur la côte Atlantique.
   c. Dans le sud-est de la France.
2. Qu'est-ce qu'il y a le long de la Côte d'Azur?
   a. Il y a de très jolies stations balnéaires aves de jolies plages.
   b. Il y a des parfums.
   c. Il y a beaucoup d'industrie.
3. Est-ce que beaucoup de Français choisissent la Côte d'Azur pour leurs vacances d'été?
   a. Oui, ils aiment nager dans l'océan Atlantique.
   b. Oui, ils aiment nager dans la mer Méditerranée.
   c. Oui, ils aiment planter des fleurs dans les jardins.
4. Est-ce que Grasse est une ville célèbre (renommée)?
   a. Oui, elle est renommée pour ses rochers.
   b. Oui, elle est renommée pour le gris éternel de son ciel.
   c. Oui, elle est renommée pour ses fleurs.
5. Qu'est-ce qu'on fait des fleurs?
   a. Des couleurs.
   b. Des parfums.
   c. Des plages.
6. Où est-ce qu'il y a des courses de taureaux?
   a. Sur la plage de Cannes.
   b. Dans les arènes d'Arles.
   c. Dans les parfumeries de Grasse.

C **Des proverbes.** Here are two interesting French proverbs. Read them.

> Après la pluie, le beau temps.
> Le temps, c'est de l'argent.

1. The same word appears in each proverb. What word is it? ______________________
2. Do you think the word means the same thing in both proverbs? ______________________
3. What does the word "temps" mean in the first proverb? ______________________
4. The second proverb exists in English, too.
   What is the English equivalent of this proverb? ______________________
5. What does the word "temps" mean in the second proverb? ______________________

Nom ______________________ Date ______________

D **Un stage de tennis.** The word *stage* in French means a period of instruction. Now that you know that, read the following advertisement.

Tennis Couvert de Ciboure
Chemin Barthes
64500 Ciboure
Tél. 59 47 10 36

- Stage de perfectionnement ou d'initiation
- 5 jours 2h30 de tennis/jour
- Adultes: 900 F/pers. Enfants: 650 F/pers.

E **Avez-vous compris?** Answer the following questions about the ad.

1. Où sont les courts de tennis?

____

2. Les courts sont en plein air ou couverts?

____

3. Quel est le code postal de Ciboure?

____

4. Quel est le numéro de téléphone du Tennis Couvert?

____

5. Le stage est pour combien de jours?

____

6. On peut jouer au tennis combien d'heures par jour?

____

7. Quel est le prix pour les enfants?

____

8. Moi, je ne joue pas bien au tennis. Je veux quel stage?

____

F **Regardez bien.** In the above advertisement, find the abbreviations for the following words.

1. le téléphone ______________

2. francs ______________

3. la personne ______________

4. heures ______________

Nom ______________________________ Date ______________________

MON AUTOBIOGRAPHIE

Write about what you do in the summer. If you swim, tell where. Do you live near a beach? What summer sports do you participate in? Write as much as you can about your summer vacations and your summer activities.

Mon autobiographie

Nom ____________________ Date ____________________

CHAPITRE

10 LES BOUTIQUES ET LES VÊTEMENTS

VOCABULAIRE

Mots 1

A **Les vêtements.** Identify each item of clothing.

1. 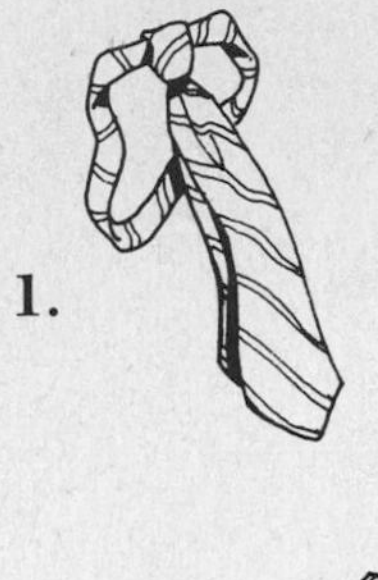

2. 

3. 

4. 

5. 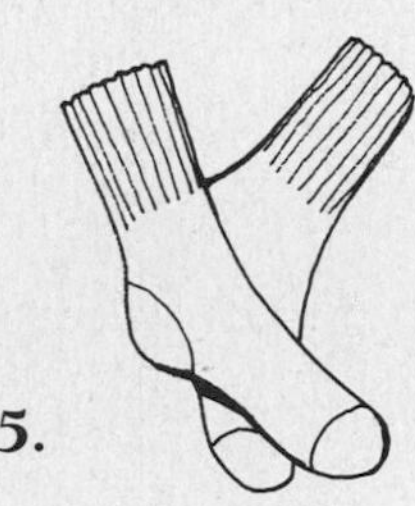

6. 

7. 

8. 

1. ____________________
2. ____________________
3. ____________________
4. ____________________
5. ____________________
6. ____________________
7. ____________________
8. ____________________

B **Des vêtements sport et des vêtements habillés.** Indicate whether each item of clothing is casual or dressy.

	Sport	Habillé
1. un jean		
2. un tailleur		
3. un complet		
4. des tennis		
5. un blouson en jean		
6. une robe du soir		
7. une cravate		
8. un sweat-shirt		
9. un short		

Nom ____________________ Date ____________________

C **Au magasin.** Answer based on the illustration.

1. Est-ce que la vendeuse travaille au rayon prêt-à-porter d'un grand magasin ou dans la boutique d'un grand couturier?

   ____

2. Qu'est-ce que son client regarde?

   ____

3. Quel est le prix du pantalon?

   ____

4. Le pantalon est cher ou bon marché?

   ____

5. Est-ce que l'homme va acheter le pantalon?

   ____

Mots 2

D **Le contraire.** Match each word in the left-hand column with its opposite in the right-hand column.

1.	___ large	**a.**	petit
2.	___ haut	**b.**	bon marché
3.	___ grand	**c.**	triste, mélancolique
4.	___ long	**d.**	bas
5.	___ cher	**e.**	court
6.	___ content	**f.**	étroit
7.	___ au-dessous	**g.**	au-dessus

Nom ______________________________ Date ______________________

E **Bien ou pas bien?** Answer based on the illustration.

1. Le pantalon est large ou serré?

____

2. Les chaussures sont larges ou étroites?

____

3. Les talons sont hauts ou bas?

____

4. Les manches du chemisier sont longues ou courtes?

____

5. La fille va acheter le pantalon, les chaussures ou le chemisier?

____

F **Au grand magasin.** Complete with an appropriate word.

1. Le ______________ travaille au magasin et la ______________ fait des achats au magasin.
2. Elle demande la ______________ de la jupe ou du pantalon et la ______________ des chaussures.
3. Le pantalon est trop petit. Elle veut la taille ______________ .
4. On paie à la ______________ .
5. Je crois que je vais acheter un ______________ d'anniversaire pour mon père.

Nom ______________________________ Date ____________________

G **Mes vêtements favoris.** Describe your favorite outfit, including each item of clothing and its color.

____

____

____

____

____

____

____

____

H **Ma couleur favorite.** Give your favorite color for the following items. Note that when a color is used as a noun it is masculine—*le*.

Ma couleur favorite pour ______________ **est le** ______________ .

1. un blouson

____

2. un pantalon

____

3. une chemise ou un chemisier

____

4. une maison

____

5. une voiture

____

6. une nappe

____

7. des chaussures

____

8. un maillot de bain

____

Nom ______________________________ Date ______________________

STRUCTURE

Les verbes croire *et* voir *au présent*

A **Oui, je crois!** Complete with the correct form of *croire*.

Je ______(1)______ que le cours de français va être très intéressant. Tous les élèves ______(2)______ que le prof a l'air très sympa. Et nous ______(3)______ qu'il va être très juste. Il ______(4)______ que nous sommes de bons élèves. Qu'est-ce que tu ______(5)______? Et qu'est-ce que tes copains ______(6)______? Vous ______(7)______ que nous allons aimer notre cours de français?

B **Ce que je vois.** Answer based on the illustrations.

1. Qu'est-ce que tu vois à la plage?

____

____

2. Qu'est-ce que tu vois à l'école?

____

____

3. Qu'est-ce que tu vois au café?

____

____

4. Qu'est-ce que tu vois au restaurant?

____

____

5. Qu'est-ce que tu vois à l'aéroport?

____

____

6. Qu'est-ce que tu vois à la gare?

____

____

Nom ______________________ Date ______________________

7. Qu'est-ce que tu vois au marché?

____

____

8. Qu'est-ce que tu vois au magasin?

____

____

C **On croit ce qu'on voit.** Write sentences using *croire* and *voir*. Follow the model.

On *croit ce qu'on voit.*

1. Nous ______________________
2. Il ______________________
3. Marie ______________________
4. Tu ______________________
5. Vous ______________________
6. Je ______________________
7. Mes amis ______________________

D'autres adjectifs irréguliers

D **Quelqu'un ou quelque chose d'autre.** Rewrite each sentence using the indicated words.

1. La grand-mère de Marc est toujours heureuse.
   Le grand-père ______________________
2. Mes cousins sont merveilleux.
   Mes cousines ______________________
3. Mon oncle est sérieux.
   Ma tante ______________________
4. Mon cours favori est le cours de français.
   Ma classe ______________________
5. C'est ma dernière classe.
   ______________________ cours.
6. Ce blouson est cher.
   Cette chemise ______________________

Nom ______________________________ Date ______________________

E **Des phrases originales.** Write original sentences using the following words.

1. sportif ______________________________
2. favori ______________________________
3. long ______________________________
4. premier ______________________________
5. heureux ______________________________

F **Mon amie Nathalie.** Complete the description of your friend Nathalie with the correct form of the adjectives in parentheses.

Mon amie Nathalie est ________(1) (merveilleux). Elle est très ________(2) (généreux). Et elle est ________(3) (sportif) aussi. Elle prépare des repas ________(4) (délicieux). Elle est ________(5) (heureux) quand elle a du succès dans la cuisine. Nathalie est vraiment mon amie ________(6) (favori).

G **Mes amis Christian et Christine.** Rewrite the paragraph from Exercise F. Change *Nathalie* to *Christian et Christine*, and make all other necessary changes.

____

____

____

____

____

____

____

____

____

____

____

Nom ______________________ Date ______________

Le comparatif des adjectifs

H **Mireille et Marcel.** Compare Mireille and Marcel by writing two sentences about them using each of the indicated adjectives.

Marcel **Mireille**

1. (grand)

____

____

2. (intelligent)

____

____

3. (sportif)

____

____

4. (sérieux)

____

____

Nom ______________________________ Date ______________________

I **Les villes de** ______________ **et** ______________ . Write as many sentences as you can comparing two cities or towns that you are familiar with.

____

____

____

____

____

____

____

____

____

____

Le superlatif

J **Des faits.** Do you know a lot of trivia? Answer the following questions.

1. Quel est le plus long fleuve du monde?

____

2. Quelle est la plus grande ville des États-Unis?

____

3. Quelle est la plus grande ville du monde?

____

4. Quel est le plus petit état des États-Unis?

____

5. Quel est le plus grand état des États-Unis?

____

6. Quelle est la ville la plus importante de France?

____

Nom ______________________ Date ______________________

K **Beaucoup d'enfants!** Answer with complete sentences based on the illustration.

Margot **Catherine** **David** **Fabrice** **Marianne**

1. Qui est le/la plus triste?

____

2. Qui est le/la plus content(e)?

____

3. Qui est le/la plus grand(e)?

____

4. Qui est le/la plus petit(e)?

____

5. Qui est le/la plus âgé(e)?

____

6. Qui est le/la plus adorable?

____

Nom ____________________ Date ____________________

UN PEU PLUS

A **Un proverbe.** Read the following French proverb about clothing.

L'habit ne fait pas le moine.

l'habit	*les vêtements*
le moine	*membre d'un ordre religieux masculin*

1. In English, explain the meaning of this proverb.

____

2. Write a similar proverb in English.

____

B **Un autre proverbe.** Here is another French proverb. What is its equivalent in English?

Voir, c'est croire!

____

C **Les achats.** The following information comes from a tourist guide for French people who are visiting New York City.

Le Shopping — New York: Un véritable paradis

New York est un véritable paradis pour le shopping. Outre l'occasion de soldes renouvelés plusieurs fois dans l'année, on peut trouver des articles à prix intéressants dans des magasins «discount»: livres, disques, cassettes, linge de maison, gadgets etc. généralement moins chers qu'en Europe. Les cowboys amateurs peuvent acheter des vêtements dans les «Western Stores». L'artisanat indien est de qualité mais rarement bon marché. Attention, si vous voulez acheter des produits américains, méfiez-vous souvent des «made in Japan», «made in Korea», ou autres!

Le prix indiqué sur les articles est net; ne pas oublier d'ajouter la taxe (8.25% à New York) pour avoir leur prix réel. D'une façon générale, les magasins sont ouverts du lundi au samedi de 10h à 18h avec une ou deux nocturnes par semaine. L'achat de l'alimentation (la nourriture) est encore plus facile qu'en France: l'épicerie du coin est ouverte sans interruption à l'heure du déjeuner, très souvent jusqu'à 21h ou 22h et sept jours par semaine.

Les grands magasins sont les mêmes que partout dans le monde: ils sont seulement un peu plus grands et proposent un choix de marchandises plus vaste. Les centres de shopping sont des «malls». On y trouve tout sur une grande surface. Si ces «malls» sont une particularité de la vie nord-américaine, il est vrai qu'ils se multiplient en France.

Nom ______________________________ Date ____________________

D **Comment dit-on?** Find the French equivalent of the following expressions in the reading.

1. a real paradise for shopping

   ____

2. at good prices

   ____

3. Indian handicrafts

   ____

4. seven days a week

   ____

5. the neighborhood or corner grocery store

   ____

E **Trouvez-les!** This article has four examples of the comparative. List them below.

____

____

____

____

Nom ______________________________ Date ____________________

MON AUTOBIOGRAPHIE

Some people love to shop for clothes and others don't. Write about yourself. If you like to shop for clothes, tell about your shopping habits. What kind of stores do you go to, etc? If you don't like shopping, tell why not.

Tell what kinds of clothes you like and you don't like. For example, if you're a boy you may not like to wear a tie, and if you're a girl, you may not like dresses. You may want to include your present sizes for certain articles of clothing. Describe your favorite outfit.

Tell something about your family, too. Tell when some family members have a birthday and what kind of clothing you might buy them as a birthday present.

Mon autobiographie

Nom ______________________ Date ______________________

CHAPITRE

11 LA ROUTINE ET LA FORME PHYSIQUE

VOCABULAIRE

Mots 1

A **La routine.** Write sentences telling what the person in each illustration is doing.

Marie 1. ______________________

Carole 2. ______________________

Guy 3. ______________________

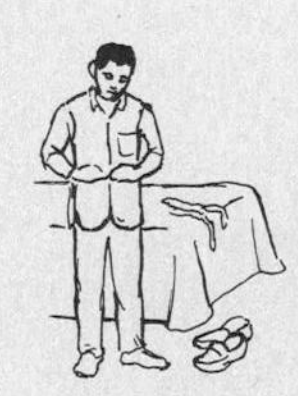

Christian 4. ______________________

Thierry 5. ______________________

Simone 6. ______________________

Nom ______________________________ Date ______________________

B **Il va faire sa toilette.** Answer.

1. Robert va se laver. Il a besoin de savon ou de déodorant?

____

2. Robert va se laver les cheveux. Il a besoin de déodorant ou de shampooing?

____

3. Robert va prendre une douche. Il a besoin d'un rasoir ou de savon?

____

4. Robert va se raser. Il a besoin de dentifrice ou d'un rasoir?

____

5. Robert va se peigner. Il a besoin de shampooing ou d'un peigne?

____

6. Robert va se brosser les cheveux. Il a besoin d'un peigne ou d'une brosse?

____

7. Robert va se brosser les dents. Il a besoin de dentifrice ou de déodorant?

____

C **Un petit chien ou un petit chat?** Answer personally.

1. Tu as un chat ou un chien?

____

2. Si tu n'as pas de chien, qui a un chien?

____

3. Si tu n'as pas de chat, qui a un chat?

____

4. Comment s'appelle le chat?

____

5. Comment s'appelle le chien?

____

6. Ton prof ou ta prof de français, comment s'appelle-t-il ou comment s'appelle-t-elle?

____

Nom ______________________________ Date ______________________

D **Le matin.** These drawings show Sylvie's morning routine. First write the letters of the drawings in logical order. Then write a caption for each drawing.

1. ___ ______________________________
2. ___ ______________________________
3. ___ ______________________________
4. ___ ______________________________
5. ___ ______________________________
6. ___ ______________________________
7. ___ ______________________________
8. ___ ______________________________

Nom ______________________________ Date ______________________

Mots 2

E **Michel se met en forme.** Write the letter of each illustration next to the statement that describes it.

1. ___ Il fait de l'exercice.
2. ___ Il est au club de forme.
3. ___ Il fait du jogging.
4. ___ Il met un survêtement.
5. ___ Il fait de la gymnastique.
6. ___ Il pratique un sport.

F **Quel est le mot?** Give another word.

1. le dilemme ____________________
2. prendre des kilos ____________________
3. perdre des kilos ____________________
4. mettre des vêtements ____________________
5. aller au lit ____________________
6. mettre du maquillage ____________________

G **Se mettre en forme.** Make a list of five things you can do to get in shape.

On peut faire de l'exercice tous les jours.

1. ____
2. ____
3. ____
4. ____
5. ____

STRUCTURE

Les verbes réfléchis

A **À quelle heure, Thierry?** Read the conversation and answer the questions that follow.

— Thierry, tu te lèves à quelle heure?
— Moi, je me lève à six heures.
— Tu te lèves à six heures?
— Oui, je me lave, je me brosse les dents et je me rase.
À sept heures je pars pour l'école.

1. Thierry se lève à quelle heure?

   ____

2. Où est-ce qu'il se lave?

   ____

3. Il se brosse les dents?

   ____

4. Il se rase?

   ____

5. Il se regarde dans la glace quand il se rase?

   ____

6. Il part pour l'école à quelle heure?

   ____

B **Qu'est-ce que vous faites d'abord?** Complete with the verbs indicated in a logical order.

1. se laver / se réveiller

   D'abord nous ______________ et ensuite nous ______________ .

2. s'habiller / se laver

   D'abord vous ______________ et ensuite vous ______________ .

3. s'endormir / se coucher

   Les enfants ______________ à neuf heures et ______________ à neuf heures et demie.

Nom ______________________________ Date ______________________

C **La journée de ma famille.** Complete the following sentences with the correct form of the indicated verbs.

1. Moi, je ________________ à sept heures. (se lever)
2. Mon frère ________________ à sept heures et demie. (se lever)
3. Nous ________________ et nous ________________ vite. (se laver, s'habiller)
4. Après le petit déjeuner je ________________ les dents. (se brosser)
5. Mon frère ________________ . (se raser)
6. Tu ________________ à quelle heure? (se lever)
7. Et à quelle heure est-ce que tes sœurs ________________ ? (se lever)
8. Est-ce que vous ________________ les dents avant ou après le petit déjeuner? (se brosser)
9. Je ________________ à dix heures. (se coucher)
10. Je ________________ tout de suite quand je ________________ . (s'endormir, se coucher)

D **Qu'est-ce qu'ils font?** Write sentences describing what the people are doing.

1. ____
2. ____
3. ____
4. ____
5. ____
6. ____

Nom ______________________ Date ______________________

Verbes avec changements d'orthographe

E **Les noms de tout le monde.** Complete with the correct form of *s'appeler*.

1. Moi, je ______________________
2. Mon frère ______________________
3. Ma sœur ______________________
4. Nous ______________________
5. Mes cousins ______________________
6. Et comment vous ______________________?

F **Attention à l'orthographe!** Complete each statement and watch your spelling.

1. Tes copains et toi, vous vous promenez dans le parc?

____

2. Vous mangez vite?

____

3. Vous nagez dans la piscine?

____

4. Vous vous levez de bonne heure?

____

5. Vous commencez à travailler immédiatement?

____

Le pronom interrogatif **qui**

G **Qui fait ça?** Answer.

1. Qui est le prof de biologie?

____

2. Qui est le prof de français?

____

3. Qui est le/la meilleur(e) élève de la classe?

____

(continued on next page)

4. Qui travaille au restaurant?

____

5. Qui travaille à l'aéroport?

____

6. Qui vend des marchandises au grand magasin?

____

H **Qui ça?** Write two questions with *qui* for each sentence. Follow the model.

Je vais à la plage avec Roland.
Tu vas à la plage avec qui?
Avec qui vas-tu à la plage?

1. Je vais acheter un cadeau *pour ma sœur*.

____

____

2. Elle obéit *à sa mère*.

____

____

3. Nous regardons *les enfants*.

____

____

4. Nous invitons *tous les copains* à la fête.

____

____

Nom ______________________ Date ______________________

UN PEU PLUS

A **Mettez-vous en forme!** Read the following information which appeared in several French brochures concerning staying in shape.

L'activité physique et sportive:
un vrai médicament pour votre cœur
La sédentarité ou l'inaction • est l'ennemi de votre forme •
LES MEILLEURS SPORTS POUR LE CŒUR:
• LA MARCHE
• LA GYMNASTIQUE
• LA BICYCLETTE
• LA NATATION
Maigrir en forme
Même si vous ne pouvez pas pratiquer un sport régulièrement, vous pouvez au moins marcher.

B **Répondez.** Answer.

1. Qu'est-ce qu'il faut faire pour maigrir?

   ____

2. Même si on ne peut pas pratiquer de sport régulièrement, qu'est-ce qu'on peut faire?

   ____

3. Quels sont de très bons sports pour le cœur?

   ____

4. Qu'est-ce qui est très mauvais pour la forme?

   ____

C **Quelle est la définition?** Match each word with its definition.

1. ___	maigrir	**a.**	faire de la natation
2. ___	nager	**b.**	tous les jours
3. ___	l'ennemi	**c.**	perdre du poids, perdre des kilos
4. ___	régulièrement	**d.**	le contraire de l'ami

Nom ____________________ Date ____________

D **Maigrir en forme.** Here are some good eating habits that appear in a brochure about losing weight.

Maigrir en forme!

- ***Prenez un vrai petit déjeuner.***
- ***Ne sautez pas de repas.***
- ***Mangez lentement.***
- ***Halte aux grignotages.***
- ***N'abusez pas des graisses.***
- ***Préférez le pain aux biscottes.***
- ***Buvez au moins un litre d'eau par jour.***

E **Vrai ou faux?** Based on the above statements, determine if the following information is true or false.

1. ________ Les biscottes sont meilleures pour la santé que le pain.

2. ________ Il faut manger plus de pain que de biscottes.

3. ________ Il faut manger beaucoup de bœuf parce qu'il contient beaucoup de graisse animale.

4. ________ Ne mangez pas vite.

5. ________ On peut sauter son petit déjeuner.

F **Trouvez l'expression.** Look at the brochure in D again and find another way to state the following sentences.

1. Prenez au moins un litre d'eau.

____

2. Ne mangez pas beaucoup de graisses.

____

3. Prenez tous les repas.

____

4. Arrêtez (cessez) de manger des *snacks*.

____

5. Ne mangez pas vite.

____

6. Prenez un bon petit déjeuner.

____

Nom _______________________________ Date _______________________

MON AUTOBIOGRAPHIE

Every day there are certain routine things we all have to do. Give as much information as you can about your daily routine. Include what time you usually do each thing.

Then tell whether or not you are involved in physical fitness. What are some things you do to get or stay in shape?

Mon autobiographie

Nom ________________________________ Date ________________________

CHAPITRE

12 LA VOITURE ET LA ROUTE

VOCABULAIRE

Mots 1

A **Qu'est-ce que c'est?** Write the name of each thing or person.

1. 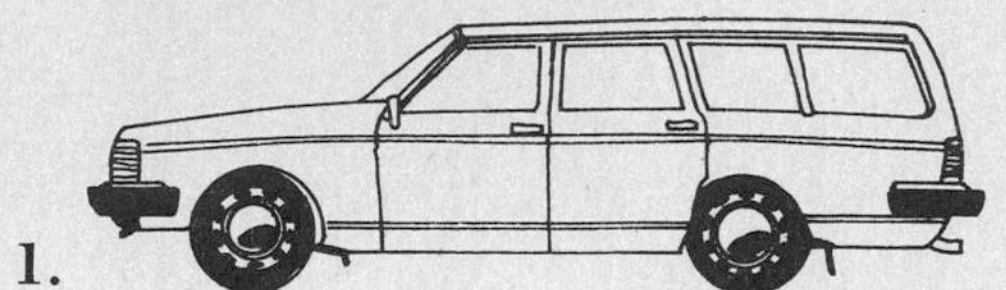

2. 

3. 

4. 

5. 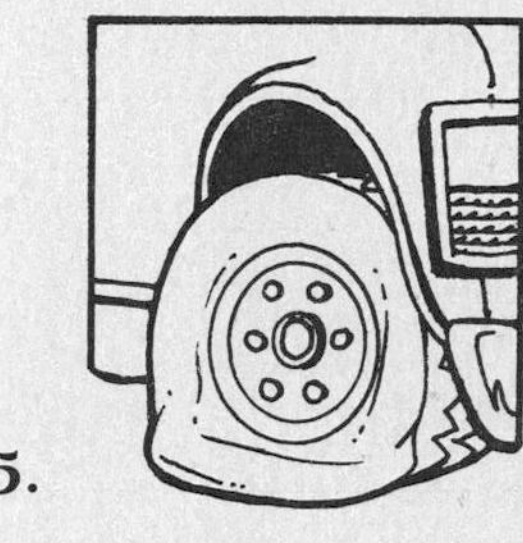

6. 

1. ______________________________
2. ______________________________
3. ______________________________
4. ______________________________
5. ______________________________
6. ______________________________

B **Les véhicules.** Circle the letter of the correct completion.

1. Un vélomoteur a ________ roues.
   a. deux
   b. quatre

2. Une voiture a ________ roues.
   a. deux
   b. quatre

3. En général, les familles préfèrent ________ .
   a. les breaks
   b. les voitures de sport

4. Renault est une marque ________ de voiture.
   a. américaine
   b. française

5. Il faut avoir ________ pour mettre le contact.
   a. un accélérateur
   b. une clé

6. Pour arrêter la voiture, il faut ________ .
   a. accélérer
   b. freiner

7. ________ n'a pas d'air.
   a. Un pneu à plat
   b. Une roue de secours

Nom ______________________ Date ______________________

C **À la station-service.** Answer according to the illustration.

1. Combien de pompistes travaillent dans cette station-service?

____

2. Cette station-service vend quelles sortes d'essence?

____

3. Où est-ce que la pompiste met l'essence?

____

4. Qu'est-ce que le pompiste vérifie?

____

Mots 2

D **La conduite aux États-Unis.** Write *vrai* if the statement is true and *faux* if it is false.

1. ________ Un permis de conduire n'est pas obligatoire dans tous les états des États-Unis.
2. ________ Beaucoup d'écoles secondaires aux États-Unis offrent des cours de conduite à leurs élèves.
3. ________ Pour apprendre à conduire aux États-Unis il faut aller à une auto-école.
4. ________ Sur les autoroutes des États-Unis il y a des motards qui surveillent la circulation.
5. ________ La limitation de vitesse est la même dans les villes et sur les autoroutes.
6. ________ La plupart des autoroutes aux États-Unis ont au moins deux voies dans chaque sens.
7. ________ Il est obligatoire de mettre sa ceinture de sécurité quand on conduit.
8. ________ On permet aux gens de stationner sur le trottoir aux États-Unis. Le stationnement sur le trottoir n'est pas interdit.
9. ________ Il n'y a pas de contractuelles aux États-Unis.
10. ________ Il faut respecter la limitation de vitesse.

Nom ______________________________ Date ______________________

E **Une rue.** Identify each item in the illustration.

1. ______________________ 4. ______________________

2. ______________________ 5. ______________________

3. ______________________ 6. ______________________

F **Quel est le mot?** Match each word in the left-hand column with the related word in the right-hand column.

1. ___ interdire	**a.** le stationnement
2. ___ stationner	**b.** la surveillance
3. ___ conduire	**c.** le permis
4. ___ croiser	**d.** la conduite
5. ___ surveiller	**e.** l'interdiction
6. ___ permettre	**f.** le croisement

G **La conduite.** Complete each sentence with an appropriate verb.

1. Le conducteur ________________ la voiture.
2. Il ________________ le contact.
3. Il ________________ sa ceinture de sécurité.
4. La voiture ________________ assez vite.
5. Le conducteur ________________ pour rouler plus vite.
6. Il ________________ pour arrêter la voiture.
7. Il ne ________________ pas la voiture sur le trottoir.

STRUCTURE

Les verbes conduire, lire, écrire *et* dire *au présent*

A **On produit du vin à Saint-Émilion.** Complete the first sentence with the appropriate form of the indicated verb. Then rewrite the sentence with the new subject.

1. Ils ______________ comment arriver à Saint-Émilion. (écrire)

   Il ____

2. Il ______________ que Saint-Émilion n'est pas très loin de Bordeaux. (dire)

   Ils ____

3. Tu ______________ le Guide Michelin? (lire)

   Vous ____

4. Tu ______________ que Saint-Émilion est un très vieux village? (dire)

   Vous ____

5. Oui, et je ______________ qu'il est très joli. (dire)

   Nous ____

B **Qui conduit dans ta famille?** Answer personally.

1. Qui conduit dans ta famille?

   ____

2. Quelle marque de voiture conduit-on dans ta famille?

   ____

3. Tu dis qu'on conduit prudemment dans ta famille?

   ____

4. Tu conduis?

   ____

5. Tu vas apprendre à conduire bientôt?

   ____

6. Quelle marque de voiture veux-tu acheter?

   ____

Nom ______________________ Date ______________________

C **Moi.** Answer personally.

1. À qui dites-vous «bonjour» tous les jours?

___

2. Vous lisez quel journal ou quels journaux?

___

3. Est-ce que vos parents lisent le même journal que vous?

___

4. Vous écrivez souvent à vos cousins?

___

5. Quel livre lisez-vous maintenant?

___

Les mots négatifs

D **Souvent ou jamais?** Answer according to the model.

Tu vas au restaurant?
Oui, je vais souvent au restaurant. (Non, je ne vais jamais au restaurant.)

1. Tu vas au marché?

___

2. Tu fais les courses?

___

3. Tu achètes des pâtisseries?

___

4. Tu manges du chocolat?

___

5. Tu voyages?

___

6. Tu prends le train?

___

7. Tu fais du sport?

____

8. Tu joues au foot?

____

E **Non!** Rewrite in the negative.

1. Il dit quelque chose à son copain.

____

2. Et son copain écrit quelque chose.

____

3. Il voit quelqu'un.

____

4. Il donne quelque chose à quelqu'un.

____

5. Il dit quelque chose à quelqu'un.

____

6. Il parle souvent à quelqu'un.

____

Les questions et les mots interrogatifs

F **Vous avez beaucoup de questions.** Complete with a question word or expression.

1. Je vais au cours de français.
   ______________ allez-vous?
2. Je dis «bonjour» au professeur.
   À ______________ dites-vous «bonjour»?
3. J'arrive à l'école à huit heures moins le quart.
   À ______________ arrivez-vous à l'école?
4. Je vais à l'école le matin.
   ______________ allez-vous à l'école?
5. Je vais à l'école en bus.
   ______________ allez-vous à l'école?
6. Mon prof de français est de Bordeaux.
   ______________ est votre prof de français?

Nom ______________________ Date ______________

G **Encore des questions.** Rewrite the questions with *est-ce que*.

1. As-tu une grande famille?

____

2. Combien de personnes y a-t-il dans ta famille?

____

3. Où habite ta famille?

____

4. Avez-vous une petite ou une grande maison?

____

5. Votre maison est-elle en ville ou à la campagne?

____

H **La station-service.** Look at the illustration and make up as many questions as you can about it.

1. ____
2. ____
3. ____
4. ____
5. ____

Nom ____________________ Date ____________________

UN PEU PLUS

A **La conduite aux États-Unis.** Read the following page from a guidebook for French people traveling to the United States.

La conduite aux États-Unis

Aux États-Unis comme dans la plupart des pays européens on circule à droite et on double à gauche. Si deux voitures arrivent en même temps à un croisement, la voiture de droite a alors la priorité. Dans tout autre cas, le premier arrivé est le premier à passer. Les panneaux «Stop» et «Yield» indiquent qu'il faut céder le passage.

B **Quelle est l'expression?** Reread the above paragraph and find the French equivalent for each of the following.

1. They drive on the right. ____________________
2. They pass on the left. ____________________
3. right of way ____________________
4. yield the right of way ____________________

C **L'essence sans plomb.** Read the following advertisement and answer the questions about it.

1. Combien d'automobiles en France peuvent rouler à l'essence sans plomb?

   ____

2. Qu'est-ce que le sans plomb?

   ____

3. Quelle est la marque d'essence de cette brochure?

   ____

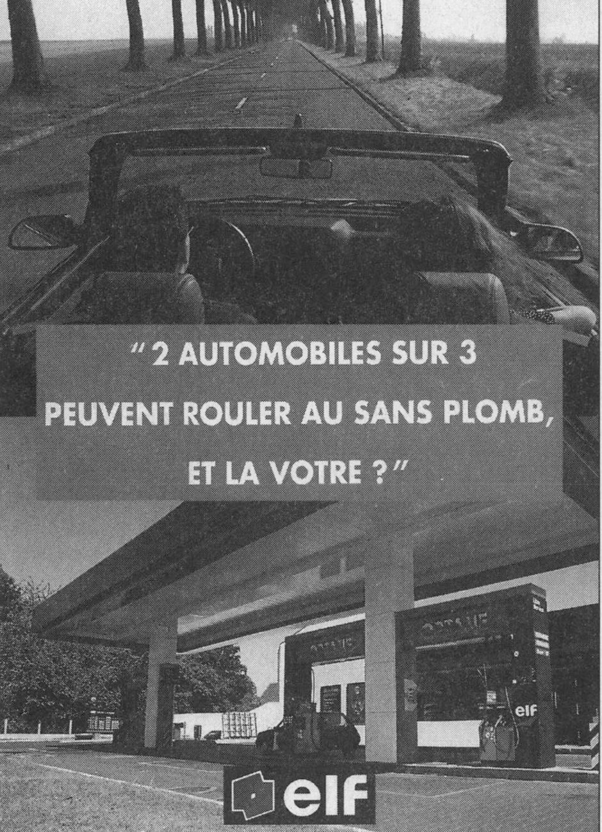

"2 AUTOMOBILES SUR 3
PEUVENT ROULER AU SANS PLOMB,
ET LA VOTRE ?"
elf
elf

Nom ______________________ Date ______________________

D **Carte de Fidelité.** Read these cards.

E **Répondez en anglais.** Answer the following questions based on the cards above.

1. What is the Elf station offering?

   ____

2. What are some prizes you can win?

   ____

3. What do you think is the meaning of *Carte de Fidélité*?

   ____

Nom ______________________ Date ______________________

MON AUTOBIOGRAPHIE

Write about your family car: what make and model is it? how old is it? If your family has more than one car, describe each one.

Also tell who does the driving in your family. Do you drive yet? Do you want to drive? Tell when you can get a license and what you have to do to get one. Then describe the car of your dreams—*la voiture de mes rêves*.

Mon autobiographie

Nom ______________________________ Date ______________________

SELF-TEST 3

A Circle the letter of the correct completion.

1. La plage est ________ .
  a. au bord de la mer
  b. sur une planche à voile
  c. dans une piscine

2. On met de la crème solaire quand on ________ .
  a. se rase
  b. prend un bain de soleil
  c. a des soldes

3. On joue au tennis avec ________ .
  a. un court
  b. toute une équipe
  c. des balles et une raquette

4. C'est trop petit. J'ai besoin ________ .
  a. de la taille au-dessous
  b. de la taille au-dessus
  c. d'une très petite taille

5. Je me regarde dans ________ quand je me peigne.
  a. la douche
  b. la glace
  c. le peigne

6. Elle se brosse ________ .
  a. la figure
  b. les mains
  c. les cheveux

7. Elle ________ et s'endort.
  a. se lève
  b. se réveille
  c. se couche

8. Il prend des kilos. Il ________ .
  a. grossit
  b. maigrit
  c. choisit

9. Si on veut arrêter une voiture, il faut ________ .
  a. accélérer
  b. freiner
  c. garer

Nom ________________________________ Date ________________________

10. À la station-service le pompiste vérifie ________ .

a. le plein

b. la clé

c. les niveaux

11. Les ________ traversent la rue.

a. pneus

b. piétons

c. voitures

12. ________ surveille la circulation sur les autoroutes.

a. Le motard

b. Le feu

c. La contractuelle

B Identify the item in each illustration.

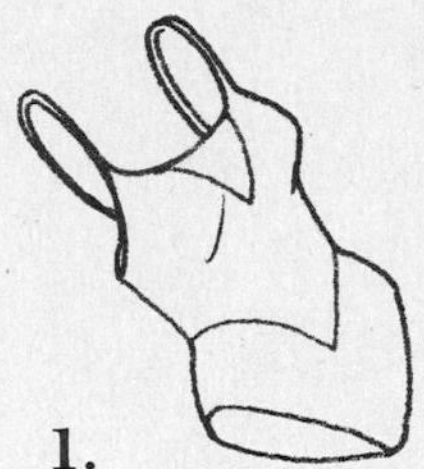
1.

2. 

3. 

4. 

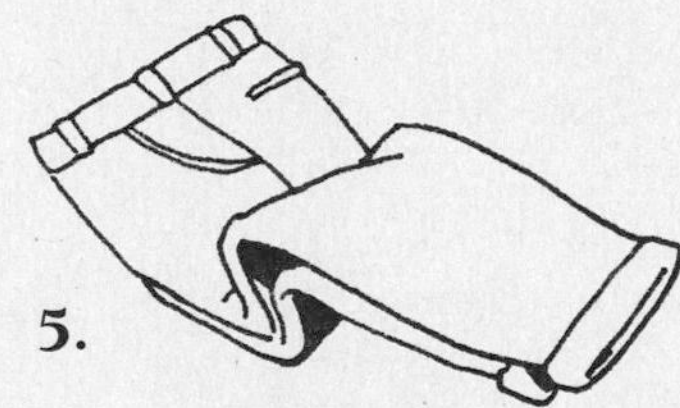
5.

6. 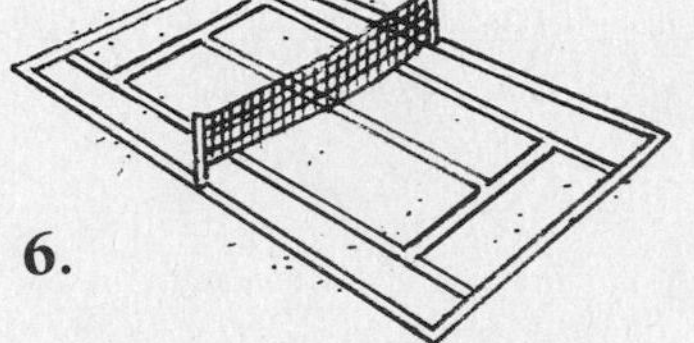

7.

8. 

9. 

10. 

1. ________________________ **6.** ________________________

2. ________________________ **7.** ________________________

3. ________________________ **8.** ________________________

4. ________________________ **9.** ________________________

5. ________________________ **10.** ________________________

C Complete with the correct form of the indicated verb.

1. Ils ______________ un bain de soleil. (prendre)
2. Nous ______________ notre petit déjeuner avant de partir pour l'école. (prendre)
3. Je ______________ le bus pour aller à l'école. (prendre)
4. Il ______________ ce qu'il ______________ . (croire, voir)
5. Et nous aussi, nous ______________ ce que nous ______________ . (croire, voir)
6. Il ______________ prudemment. (conduire)
7. Vous ______________ ou pas? (conduire)
8. J' ______________ ce que vous ______________ . (écrire, dire)
9. Et vous ______________ ce que je ______________ . (écrire, dire)
10. Ils ______________ beaucoup. (lire)

D Complete with the correct form of the indicated verb.

1. Je ______________ à six heures et demie. (se lever)
2. Vous ______________ ? (se raser)
3. Je ______________ les dents. (se brosser)
4. Mes parents ______________ à onze heures. (se coucher)
5. Nous ______________ à la même heure. (se réveiller)
6. Quand tu ______________ , tu ______________ tout de suite. (se coucher, s'endormir)

E Complete with the correct form of the indicated adjective.

1. Robert est un très ______________ élève. (bon)
2. Son amie, Thérèse, est très ______________ . (gentil)
3. Il a une chemise ______________ et un pantalon ______________ . (blanc, bleu)
4. Sa sœur est une fille ______________ . (sérieux)
5. C'est un dîner ______________ . (délicieux)

Nom ______________________________ Date ______________________

F Answer.

1. Quelle est la plus grande ville de ton état?

____

2. Qui est plus âgé(e), ton cousin ou toi?

____

G Complete with the correct pronoun.

1. ______________ , je parle français et anglais.
2. Et mon ami, Robert, ______________ , il parle anglais et espagnol.
3. Il va souvent chez ses grands-parents. Quand il est chez ______________ , il parle espagnol.
4. Pourquoi parle-t-il espagnol avec ______________ ? Il parle espagnol parce que ses grands-parents sont cubains.
5. ______________ , tu as des grands-parents qui parlent une langue étrangère?
6. Oui, ma grand-mère, ______________ , elle est polonaise. Elle est de Varsovie et elle parle toujours polonais.

H Circle the letter of the correct response.

1. Tu te brosses souvent les dents?
   a. Oui, quand je me rase.
   b. Oui, quand je me peigne.
   c. Oui, après chaque repas.
2. Tu restes en forme?
   a. Oui, je fais de l'exercice.
   b. Oui, je conduis.
   c. Oui, je bronze.
3. Tu aimes aller à la plage?
   a. Oui, j'achète des raquettes.
   b. Oui, j'aime bien les sports nautiques.
   c. Oui, je déteste le sable.
4. Qui travaille au grand magasin?
   a. Le vendeur
   b. Le rayon prêt-à-porter
   c. Le moniteur
5. Vous avez besoin d'essence?
   a. Oui, c'est cher.
   b. Oui, j'ai une roue de secours.
   c. Oui, faites le plein, s'il vous plaît.
6. Où sont les stations balnéaires?
   a. Sur le terrain.
   b. Au bord de la mer.
   c. Sur les autoroutes.
7. Où faut-il payer le péage?
   a. Sur l'autoroute.
   b. Au grand magasin.
   c. À la station-service.
8. Qu'est-ce que c'est, les niveaux?
   a. l'huile et l'eau
   b. l'essence
   c. l'air

Answers appear on page 189.

Nom ______________________________ Date ______________________

CHAPITRE

13 LES SPORTS

VOCABULAIRE

Mots 1

A **Qu'est-ce que c'est?** Identify each item below.

1. 
2. 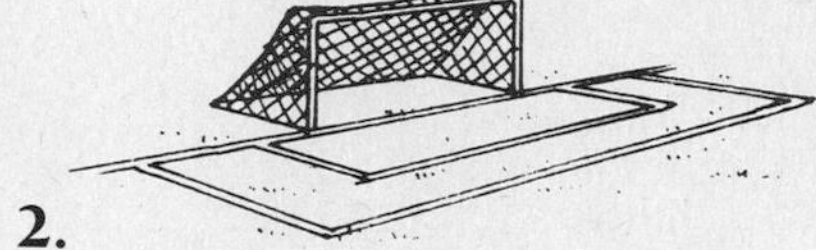
3. 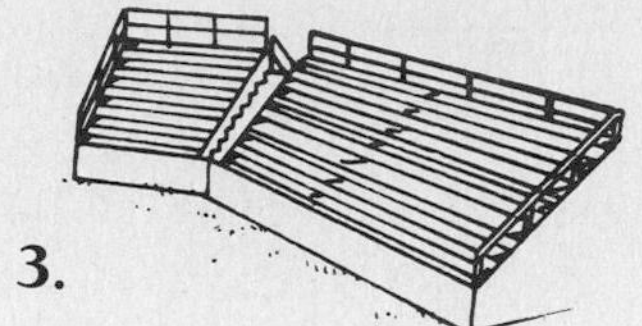
4. 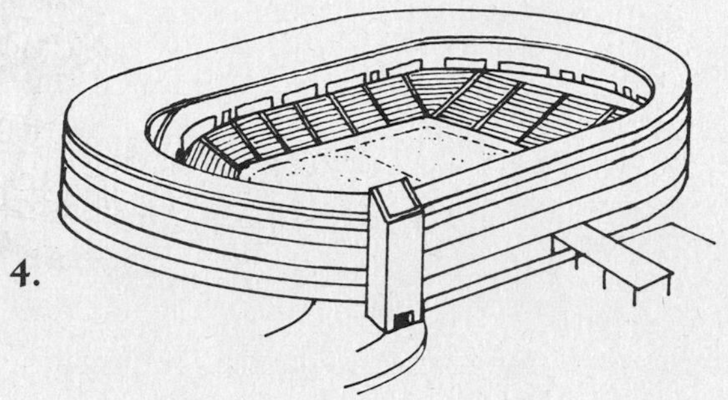
5. 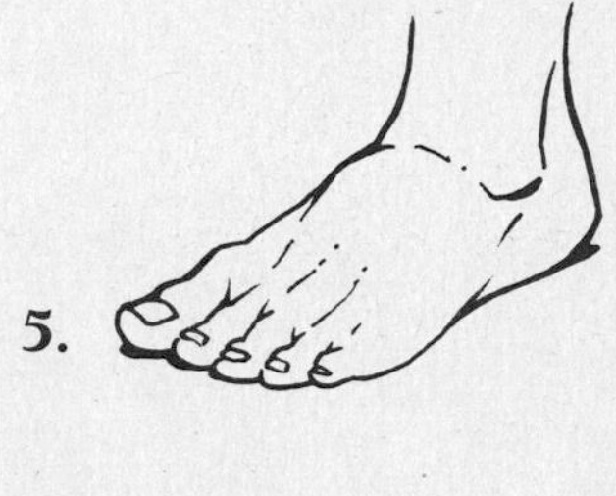

1. ______________________ 4. ______________________
2. ______________________ 5. ______________________
3. ______________________

B **Qui est-ce?** Identify each person described below.

1. un garçon qui joue ______________________
2. un joueur qui garde le but ______________________
3. les personnes qui regardent le match ______________________
4. un homme qui siffle quand il y a une faute (*foul*) ______________________

C **Le foot(ball).** Complete each sentence.

1. On joue au foot avec un ______________ .
2. Il y a onze ______________ dans chaque ______________ .
3. On joue au foot sur un ______________ .
4. Il faut envoyer le ballon avec ______________ ou avec la tête.
5. Chaque équipe veut envoyer le ______________ dans le but du camp ______________ .
6. Les spectateurs sont assis dans les ______________ .

Nom ______________________ Date ______________________

Mots 2

D **C'est quel sport?** Identify the sport associated with each expression below.

1. dribbler le ballon ______________________
2. lancer le ballon ______________________
3. le but ______________________
4. un filet ______________________
5. un panier ______________________
6. une piste ______________________
7. servir (le ballon) ______________________
8. la bicyclette ______________________

E **Les sports.** Identify each item below.

1. 

2. 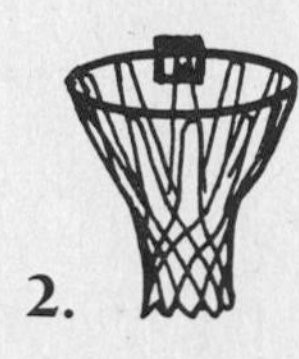

3. 

4. 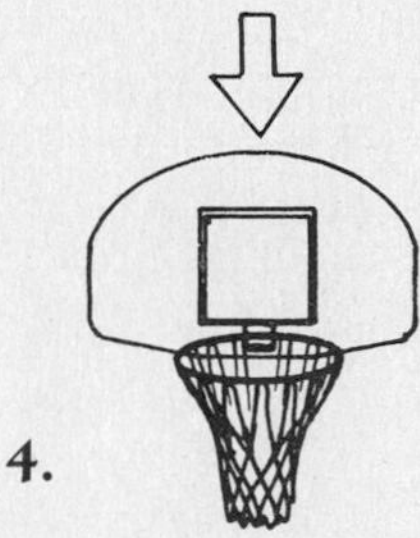

5. 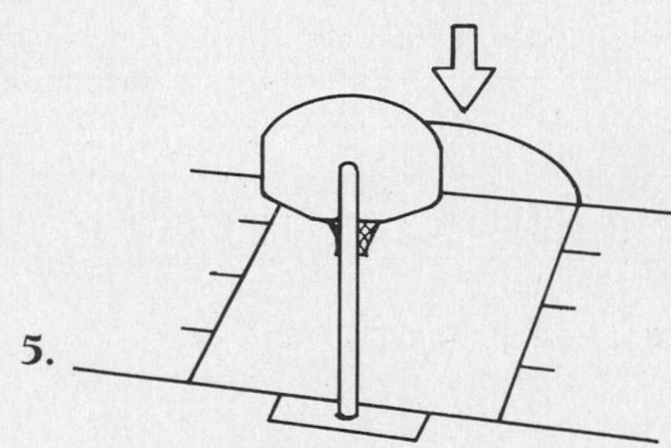

1. ______________________
2. ______________________
3. ______________________
4. ______________________
5. ______________________

F **Le contraire.** Match each word in the right-hand column with its opposite in the left-hand column.

1. ___ servir
2. ___ gagner
3. ___ le printemps
4. ___ le joueur
5. ___ contre

a. l'automne
b. renvoyer
c. avec
d. perdre
e. le spectateur

Nom ______________________ Date ______________________

STRUCTURE

Le passé composé des verbes réguliers

A **Hier soir.** Begin each sentence below with *hier soir* and make the necessary changes.

1. J'étudie.

____

2. Jean-Luc et Marc regardent la télé.

____

3. Papa prépare le dîner.

____

4. La famille dîne ensemble.

____

5. Nous écoutons des cassettes.

____

6. Tu parles au téléphone.

____

7. Vous jouez au football.

____

B **La fête de Thierry.** Rewrite the following in the *passé composé*.

Thierry donne une fête pour Christine. Elle célèbre son anniversaire. Thierry téléphone à tous leurs amis. Il invite tout le monde à la fête.

Pendant la fête nous parlons à tous nos amis. Nous dansons. Nous chantons.

Thierry prépare beaucoup de choses à manger. J'aide un peu Thierry.

____

____

____

____

____

____

Nom ______________________________ Date ______________________

C **Quel cours?** Complete with the *passé composé* of the indicated verb.

1. Vous ______________ quel cours? (choisir)
2. Ils ______________ leur travail. (finir)
3. Nous ______________ à l'examen. (réussir)
4. J' ______________ tous mes devoirs. (finir)
5. Tu ______________ au professeur. (obéir)
6. Qui ______________ Robert? (punir)

D **À bord.** Complete with the *passé composé* of the indicated verb.

1. J' ______________ le vol 802. (choisir)
2. L'avion n' ______________ pas encore ______________ . (atterrir)
3. Les passagers ______________ leur dîner. (choisir)
4. Les stewards ______________ les repas. (servir)
5. L'hôtesse de l'air ______________ les verres d'eau. (remplir)
6. Nous ______________ notre dîner. (finir)

E **À l'aéroport.** Answer using the cues below.

1. Où est-ce que les passagers ont attendu leur vol? (à la porte numéro six)

   ____

2. Ils ont attendu longtemps? (Non)

   ____

3. Qu'est-ce que tu as entendu? (une annonce)

   ____

4. Tu as entendu quelle annonce? (l'annonce du départ)

   ____

5. Ton ami et toi, à qui avez-vous répondu? (à l'agent)

   ____

6. Tu as perdu quelque chose? (Non)

   ____

7. Qu'est-ce que la compagnie aérienne a perdu? (nos bagages)

   ____

Nom ______________________________ Date ______________________

F **Au restaurant.** Answer personally.

1. Quand est-ce que tu as dîné au restaurant?

   ____

2. Tu as réservé une table?

   ____

3. Tu as attendu longtemps?

   ____

4. Qu'est-ce que tu as commandé?

   ____

5. Qui a servi le dîner?

   ____

6. Tu as choisi quel dessert?

   ____

7. À quelle heure as-tu fini ton dîner?

   ____

8. Qui a demandé l'addition?

   ____

9. Tu as répondu au serveur?

   ____

10. Tu as payé l'addition?

   ____

11. Tu as laissé un pourboire pour le serveur?

   ____

12. À quelle heure as-tu quitté le restaurant?

   ____

Nom ______________________________ Date ______________________

Qu'est-ce que

G **Posez les questions.** Write questions with *Qu'est-ce que*. Follow the model.

Nous avons regardé le match de foot.
Qu'est-ce que vous avez regardé?

1. Les Tigres ont gagné la coupe.

____

2. Je lis un livre magnifique.

____

3. Pierre et moi, nous avons acheté un vélo.

____

4. Marie va écouter ces cassettes.

____

5. Le joueur de basket dribble le ballon.

____

H **Ce que je fais.** Answer personally.

1. Qu'est-ce que vous commandez quand vous allez au restaurant?

____

2. Qu'est-ce que vous achetez quand vous allez à la pâtisserie?

____

3. Qu'est-ce que vous faites quand vous quittez l'école?

____

4. Qu'est-ce que vous prenez au petit déjeuner?

____

5. Qu'est-ce que vous prenez au déjeuner?

____

Nom ______________________ Date ______________________

UN PEU PLUS

A **Au Parc des Princes.** Read the following article that appeared recently in the French newspaper *France-Soir*.

Au Parc des Princes

Un temps de chien hier sur Paris et, bien entendu, au **Parc des Princes** où se déroulait le match **Paris-Saint-Étienne (2–0)**. Sous les tornades, surtout en première mi-temps, les footballeurs des deux équipes ont donné malgré tout un bon spectacle.

B **Quelle est la définition?** Match each item on the left with the equivalent expression on the right.

1. ___ un temps de chien — **a.** les footballeurs

2. ___ les tornades — **b.** un très mauvais temps

3. ___ les joueurs de foot — **c.** une des deux parties d'un match

4. ___ la mi-temps — **d.** les vents violents

C **Trouvez les renseignements.** Find the following information in the above reading.

1. les noms des deux équipes

____

2. le nom du stade

____

3. le score

____

4. quand le match a eu lieu (quand ils ont joué)

____

Nom ______________________ Date ______________________

MON AUTOBIOGRAPHIE

How much do you like sports? Are you a real sports fan (*un[e] fana du sport*)? If you participate in any team sports, write about it. Do you prefer to participate or be a spectator? Write something about the teams at your school.

Mon autobiographie

Nom ______________________________ Date ______________________

CHAPITRE

14 L'HIVER ET LES SPORTS D'HIVER

VOCABULAIRE

Mots 1

A **Une station de sports d'hiver.** Identify each item.

1. ______________________________ 4. ______________________________
2. ______________________________ 5. ______________________________
3. ______________________________

B **Le matériel de ski.** Identify each item.

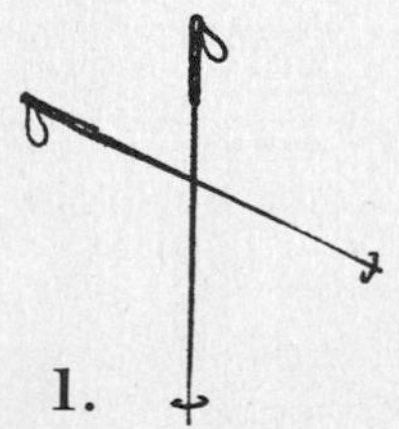

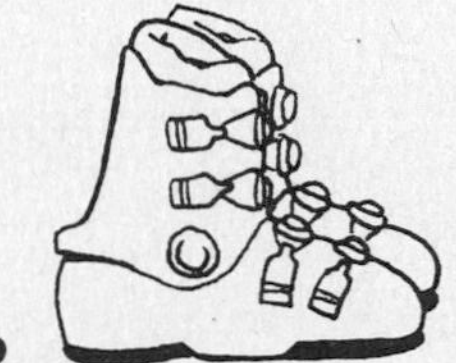
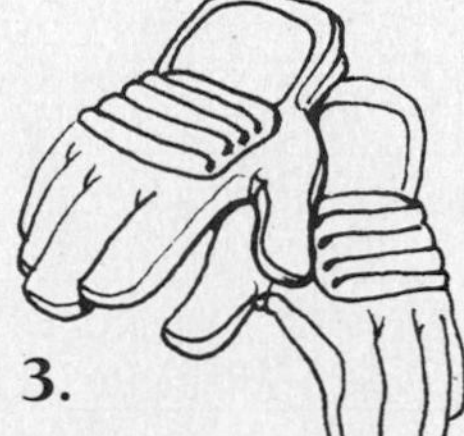
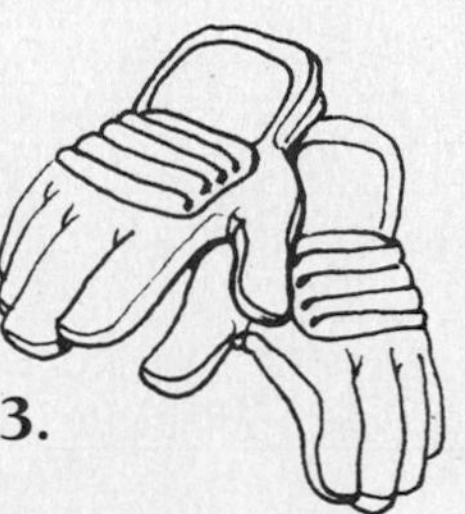

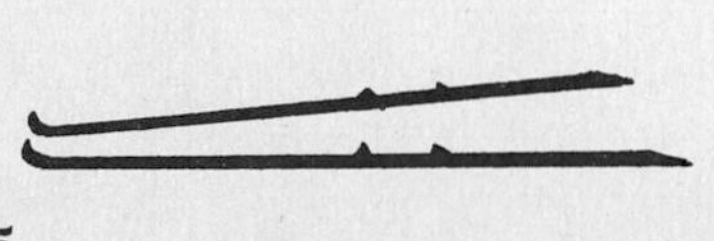
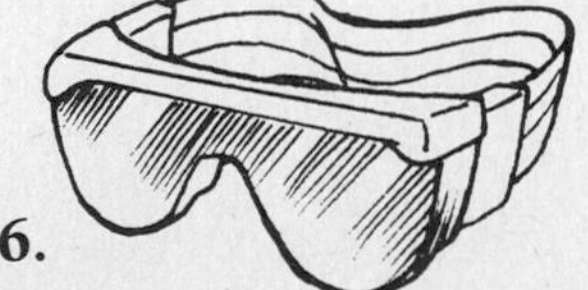

1. ______________________________ 5. ______________________________
2. ______________________________ 6. ______________________________
3. ______________________________ 7. ______________________________
4. ______________________________ 8. ______________________________

Nom ______________________________ Date ______________________

C **Le ski.** Write *vrai* if the statement is true and *faux* if the statement is false.

1. ________ On peut faire du ski de fond sans pistes raides.
2. ________ Le moniteur apprend aux débutants à faire du ski.
3. ________ Toutes les pistes ont des bosses.
4. ________ On skie avec un bâton et deux skis.
5. ________ Il y a des pistes différentes pour les débutants, les skieurs moyens et les skieurs qui skient très bien.

D **Les vêtements de ski.** Match each piece of clothing in the left-hand column with the related part of the body in the right-hand column.

1. ___ les chaussures	**a.** la tête
2. ___ le bonnet	**b.** la figure, le cou
3. ___ l'écharpe	**c.** les mains
4. ___ les gants	**d.** les pieds

Mots 2

E **Le temps en hiver.** Answer.

1. En hiver, il fait froid ou chaud?

____

2. La température est élevée ou basse?

____

3. Il fait combien de degrés?

____

4. Quand il fait très froid, il neige ou il pleut?

____

5. Comment est le ciel quand il y a des nuages?

____

6. Il gèle souvent dans ta ville en hiver?

____

7. Le vent est très froid?

____

Nom ______________________ Date ______________________

F **Les sports d'hiver.** Correct the following false statements.

1. Il faut mettre des skis pour faire du patin.

____

2. On fait du patin sur la neige.

____

3. Les skieurs font du patin.

____

4. On fait du patin sur un terrain.

____

5. Il est très difficile de faire une chute quand on fait du patin.

____

G **Que font-ils?** Write as much as you can about the illustration.

____

____

____

____

____

____

Nom ______________________________ Date ____________________

STRUCTURE

Le passé composé des verbes irréguliers

A **On a fait du ski.** Rewrite each sentence in the *passé composé*.

1. Roger fait du ski.

____

2. Il met ses skis.

____

3. Il attend devant le guichet.

____

4. Il prend son ticket.

____

5. Il dit «merci» au guichetier.

____

6. Il voit le télésiège.

____

7. Il attend le télésiège.

____

8. Il prend le télésiège.

____

9. Il choisit une piste facile.

____

10. Il descend une piste verte.

____

11. Il fait une chute.

____

12. Il a un problème.

____

Nom ______________________ Date ______________

B **En classe.** Complete with the *passé composé* of the indicated verb.

1. Le professeur __________ «Bonjour!» (dire)
2. J' __________ le professeur. (comprendre)
3. Tous les élèves __________ des notes. (prendre)
4. Vous __________ vos notes dans un cahier? (écrire)
5. Oui, et après le cours, nous __________ nos notes. (lire)
6. Carole __________ mes notes aussi. (lire)
7. Mais tu n' __________ pas __________ lire mon écriture. (pouvoir)
8. Tu __________ que j' __________ mal __________. (dire, écrire)
9. Et moi, j' __________ que tu n' __________ pas __________ ce que le prof __________. (dire, comprendre, dire)
10. J' __________ de la chance. Tu n' __________ pas __________ ce que j' __________. (avoir, entendre, dire)

C **La conduite.** Answer as in the model.

Suzanne va prendre la voiture?
Elle a pris la voiture hier.

1. Suzanne va conduire?

____

2. Elle va prendre des leçons de conduite?

____

3. Elle va apprendre à conduire?

____

4. Vous allez apprendre à Suzanne à conduire?

____

5. Elle va avoir une contravention?

____

6. Elle va voir la contravention sur le parebrise de sa voiture?

____

7. Elle va lire la contravention?

____

Nom ______________________________ Date ______________________

Les pronoms **qui** *et* **quoi**

D **Des questions.** Complete with *qui* or *quoi*.

—Tu parles à ______________ ?

—Moi, je parle à Arlette.

—De ______________ parlez-vous?

—Nous parlons de beaucoup de choses.

—Mais de ______________ ? Je veux savoir.

—Mais c'est pas tes oignons!

—Je vais parler à Maman.

—Tu vas parler à ______________ ?

E **Posez des questions.** Write questions with *qui* or *quoi*, according to the model.

J'ai fait du ski de fond avec Marcel.
Tu as fait du ski de fond avec qui?

1. Je vais aller à une fête chez Jeanne.

____

2. J'ai besoin de nouveaux skis.

____

3. C'est l'anorak de Claire.

____

4. J'ai parlé à ma tante Hélène hier soir.

____

5. J'ai parlé de mes cours.

____

Nom ______________________________ Date ______________________

UN PEU PLUS

A **Le Canada.** Read the following selection.

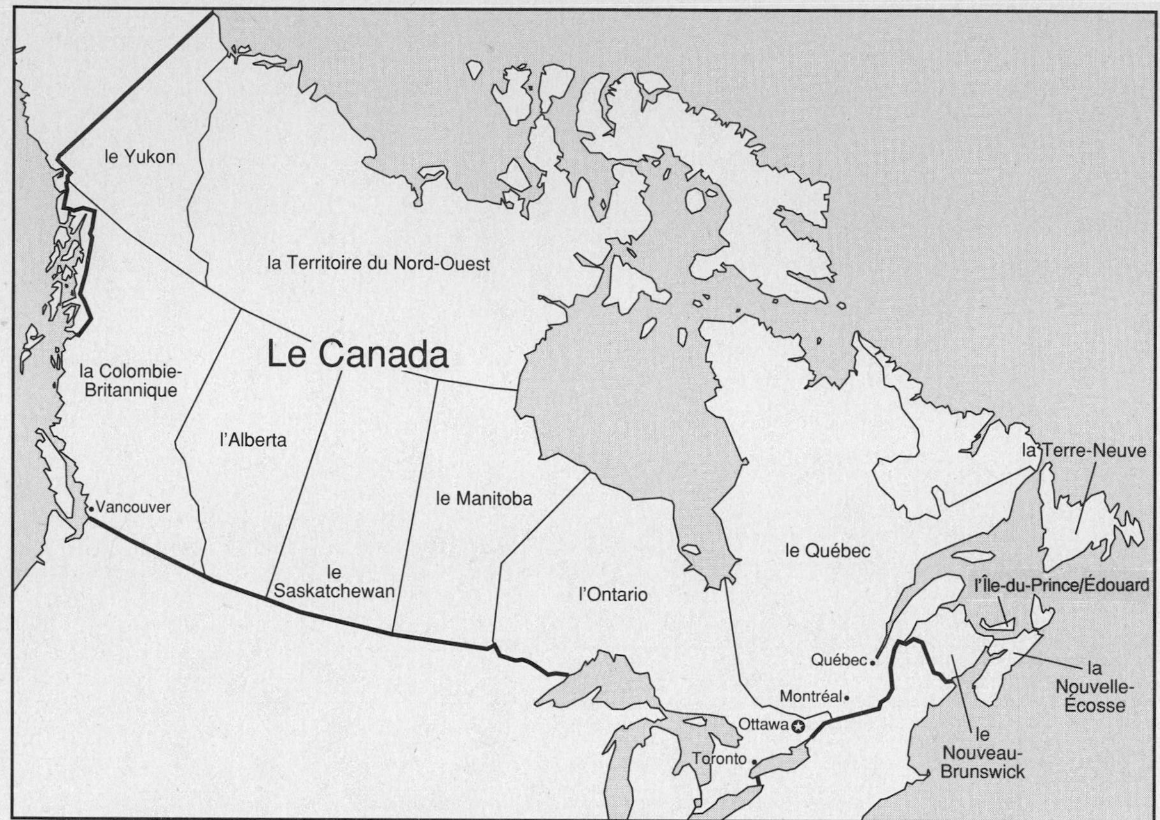

Le Canada est un grand pays de l'Amérique du Nord. Il est divisé en dix provinces et deux territoires. Les deux territoires sont le Territoire du Nord-Ouest et le Yukon. Le Canada a 26 millions d'habitants—7 millions sont des Canadiens français. Les deux langues officielles du Canada sont l'anglais et le français.

La plupart des Canadiens français habitent le Québec ou les provinces maritimes de l'est du pays. Montréal est la plus grande ville du Québec et la deuxième ville francophone du monde après Paris.

Nom ______________________ Date ______________

B **Répondez.** Answer based on the reading.

1. Où est le Canada?

____

2. Combien de provinces y a-t-il au Canada?

____

3. Quelle est la population du Canada?

____

4. Il y a combien de francophones au Canada?

____

5. Quelles sont les deux langues officielles du Canada?

____

6. Où habitent la plupart des Canadiens français?

____

7. Quelle est la plus grande ville du Québec?

____

C **Conseils aux skieurs.** Read the following advice to skiers at *Les Orres* in the *Hautes Alpes.*

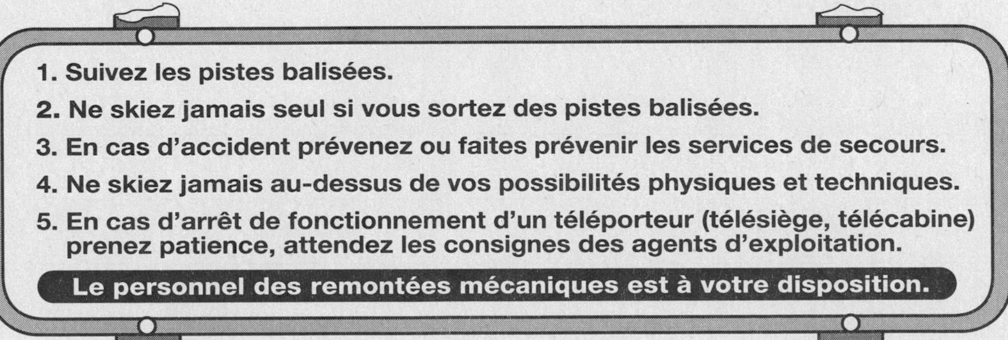

1. Suivez les pistes balisées.
2. Ne skiez jamais seul si vous sortez des pistes balisées.
3. En cas d'accident prévenez ou faites prévenir les services de secours.
4. Ne skiez jamais au-dessus de vos possibilités physiques et techniques.
5. En cas d'arrêt de fonctionnement d'un téléporteur (télésiège, télécabine) prenez patience, attendez les consignes des agents d'exploitation.
Le personnel des remontées mécaniques est à votre disposition.

D **Comment dit-on?** Find the French equivalent for the following expressions in the above advice.

1. marked trails _______________
2. in case of accident _______________
3. alert _______________
4. emergency services _______________
5. be patient _______________

Nom ______________________________ Date ____________________

E **Une station de sports d'hiver.** Write 8-10 sentences about the illustration.

____

____

____

____

____

____

____

____

____

____

Nom ______________________________ Date ______________________

MON AUTOBIOGRAPHIE

What is the weather like in your town in the winter? Do you live near the mountains or not? Do you like winter weather, or do you prefer one of the other seasons?

Tell whether or not you ski. If you do, tell about your skiing trips. If you don't, what's your opinion? Do you think you would like to ski? If so, tell about a possible ski trip. If you don't want to ski, tell why not and what you would prefer to do.

Mon autobiographie

Nom ______________________ Date ______________________

CHAPITRE

15 LA SANTÉ ET LA MÉDECINE

VOCABULAIRE

Mots 1

A **La santé.** Complete with the appropriate word.

1. Grégoire ne va pas bien. Il est ______________ .
2. Il n'est pas en bonne santé, le pauvre. Il est en ______________ santé.
3. Sa température est élevée. Il a de la ______________ .
4. Il a très mal à la gorge. Il a une ______________ .
5. Il prend de la ______________ , un médicament antibiotique.

B **Tu te sens bien?** Match each expression in the left-hand column with its equivalent in the right-hand column.

1. ___ Il va très bien.	a. Elle est enrhumée.
2. ___ Elle a un rhume.	b. Elle a de la fièvre.
3. ___ Elle a très mal à la gorge.	c. Il se sent bien.
4. ___ Sa température est élevée.	d. Quel est son problème?
5. ___ Qu'est-ce qu'il a?	e. Elle a une angine.

C **Le pauvre Robert.** Robert has the flu. Describe his symptoms.

1. ______________________ 4. ______________________

2. ______________________ 5. ______________________

3. ______________________ 6. ______________________

D **Les médicaments.** Complete each sentence.

1. Je prends de l' ______________ quand j'ai mal à la tête.
2. Je prends un ______________ quand j'ai une ______________ bactérienne.
3. Les gens qui ont des allergies sont ______________ .
4. La ______________ est un antibiotique.

Nom ______________________ Date ______________________

E **C'est quelle partie du corps humain?** Identify each part of the body.

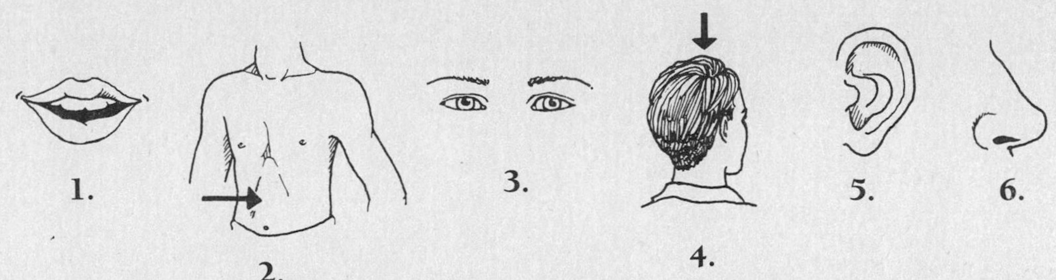

1. ______________________
2. ______________________
3. ______________________
4. ______________________
5. ______________________
6. ______________________

Mots 2

F **Chez le médecin.** Answer.

1. Qui va chez le médecin, le médecin, le malade ou le pharmacien? ______________
2. Qui examine le malade? ______________
3. Qui ausculte le malade? ______________
4. Qui souffre? ______________
5. Qui fait une ordonnance? ______________
6. Qui vend les médicaments? ______________
7. Qui prend les médicaments? ______________
8. Qui prescrit les médicaments? ______________

G **Qui parle?** Identify who says the following.

	le médecin	le/la malade
1. Ouvrez la bouche, s'il vous plaît.		
2. J'ai mal à la tête.		
3. J'éternue.		
4. Je vais vous examiner la gorge.		
5. Ça fait mal.		
6. Où avez-vous mal?		
7. Toussez.		
8. Je tousse.		
9. J'ai les yeux qui piquent.		
10. Vous avez de la fièvre.		
11. Je n'ai pas d'allergie.		
12. Je vais prescrire des antibiotiques.		
13. Respirez à fond.		
14. J'ai le nez qui coule.		

Nom ______________________ Date ______________

STRUCTURE

Les pronoms me, te, nous, vous

A **Ton père t'appelle.** Rewrite, changing *Michel* to *Michel et Marie*.

—Michel, ton père te téléphone souvent?
—Oui, il me téléphone tous les deux soirs.
—Il t'aime beaucoup?
—Oui, il est extra, mon père.

—Michel et Marie, ______________________

—______________________

—______________________

—______________________

B **Chez le médecin.** Answer personally.

1. Quand tu vas chez le médecin, il/elle t'examine?

____

2. Il/Elle t'ausculte?

____

3. Si tu as une infection, il/elle te prescrit des médicaments?

____

4. Il/Elle te fait une ordonnance?

____

5. Il/Elle te demande si tu as des allergies?

____

Les verbes comme ouvrir *au présent et au passé composé*

C **Qu'est-ce que je suis malade!** Complete with the correct form of the indicated verb.

1. Ah, mon Dieu! Je ____________ . (souffrir)
2. Le médecin m'examine la gorge. J' ____________ la bouche. (ouvrir)
3. Est-ce que tous les malades ____________ comme moi? (souffrir)
4. Je rentre chez moi. Je me couche. Maman me ____________ avec une couverture. (couvrir)
5. Elle m' ____________ un jus d'orange. (offrir)

D **Qui souffre?** Rewrite in the plural.

1. Qu'est-ce que je souffre!

___

2. Il m'offre de l'aspirine.

___

3. Tu te couvres la bouche quand tu tousses?

___

4. Je me couvre la bouche quand je tousse ou quand j'éternue.

___

5. Mais j'ouvre la bouche quand le médecin m'examine la gorge.

___

E **Il souffre!** Rewrite in the *passé composé*.

1. Il souffre, le pauvre.

___

2. Je souffre d'allergies.

___

3. Tu souffres d'allergies?

___

4. Vous découvrez la cause des allergies?

___

5. Ils offrent une solution.

___

6. Nous ouvrons la bouche pour prendre le médicament.

___

Nom ______________________ Date ______________________

L'impératif

F **Un examen.** Complete with the *tu* command form of the verb.

1. Charles, ______________ la bouche, s'il te plaît. (ouvrir)
2. ______________ ici. (regarder)
3. ______________ «ah», s'il te plaît. (dire)
4. ______________ comme ça. (faire)
5. ______________ un tout petit moment. (attendre)
6. ______________ ces comprimés. (prendre)
7. Ne ______________ rien cet après-midi. (manger)

G **S'il vous plaît.** Rewrite the sentences in Exercise F using the *vous* command form.

1. ______________________________
2. ______________________________
3. ______________________________
4. ______________________________
5. ______________________________
6. ______________________________
7. ______________________________

H **Des suggestions.** Suggest what you and your friends may do based on the illustration.

1. ______________________________
2. ______________________________
3. ______________________________
4. ______________________________
5. ______________________________

Nom ______________________ Date ______________

UN PEU PLUS

A **Vous avez un rhume?** Read the following article that appeared recently in a popular French health magazine.

Éviter • Détecter • Soigner

• Comment éviter un rhume

La meilleure prévention repose sur une bonne forme physique et une hygiène de vie. Prenez les précautions que vous dicte le bon sens. Évitez les brusques variations de température. Mettez une «petite laine» ou un pull pour sortir. Prenez une alimentation riche en vitamine C (fruits et légumes pas trop cuits).

Le rhume est très contagieux. Évitez les lieux de grande concentration humaine et ne vous approchez donc pas trop d'une personne enrhumée.

• Comment détecter un rhume

Si vous avez le nez qui coule
Si vous éternuez
Si vous vous sentez fatigué(e)
Si vous avez une petite fièvre, ... sans doute . . . . . , c'est un rhume.

• Comment soigner un rhume

Il n'existe aucun traitement spécifique. Un rhume, traité ou non, dure une semaine. Vous pouvez cependant remédier aux désagréments qu'il provoque avec des médicaments dits *de conforts*.

Buvez beaucoup d'eau et de jus de fruits. Si la petite fièvre vous gêne, prenez un anti-thermique comme l'aspirine.

Les antibiotiques sont sans intérêt.

B **Comment dit-on?** In the article above, find the French equivalent for each of the following expressions.

1. how to avoid a cold ______________
2. take precautions ______________
3. good sense ______________
4. sudden variations in temperature ______________
5. a slight fever ______________
6. how to treat a cold ______________

C **Répondez.** Answer based on the reading selection.

1. Quelle est la meilleure prévention pour un rhume?

____

2. Pourquoi doit-on éviter les personnes enrhumées?

____

3. Si vous avez un rhume, est-ce qu'il faut prendre des antibiotiques? ______________

4. Combien de temps un rhume dure-t-il? ______________

Nom ______________________ Date ______________________

MON AUTOBIOGRAPHIE

What is the name of your family doctor? Where is his/her office? How often do you see him/her? Write about some of the minor ailments you get once in a while. Are you a good patient or not? You may want to ask a family member.

Mon autobiographie

Nom ______________________ Date ______________________

CHAPITRE 16

LES LOISIRS CULTURELS

VOCABULAIRE

Mots 1

A **Le cinéma.** Answer personally.

1. Quel est un cinéma près de chez vous?

 ____

2. On passe des films étrangers dans ce cinéma?

 ____

3. Vous avez vu un film étranger?

 ____

4. Vous avez vu ce film en version originale (en V.O.) avec des sous-titres ou doublé?

 ____

5. Quel(s) genre(s) de film préférez-vous?

 ____

B **Le théâtre.** Identify each item.

1. 

2. 

3. 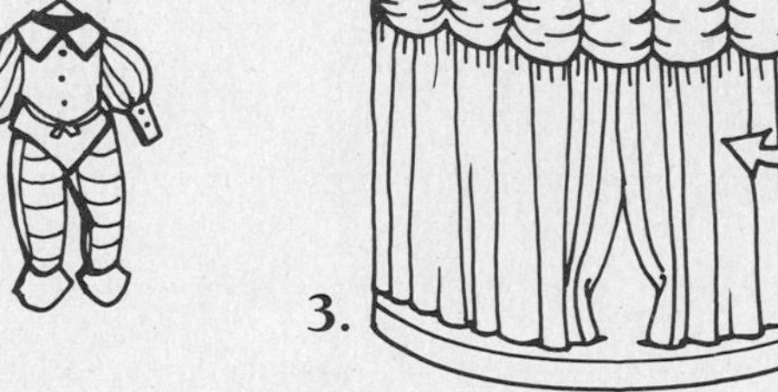

4. 

5. 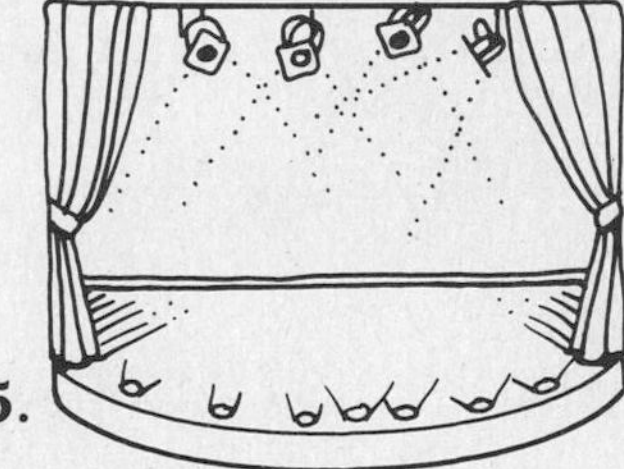

1. ______________________ 4. ______________________

2. ______________________ 5. ______________________

3. ______________________

Nom ______________________________ Date ______________________

C **Le club dramatique.** Answer personally.

1. Il y a un club dramatique dans votre école?

____

2. Comment s'appelle-t-il?

____

3. Qui est le directeur ou la directrice du club?

____

4. Combien de pièces le club monte-t-il chaque année?

____

5. Quelle pièce le club va-t-il monter (ou a-t-il montée) cette année?

____

6. C'est quel genre de pièce?

____

7. Vous aimez le théâtre?

____

8. Vous êtes membre du club dramatique de votre école?

____

D **Une pièce.** Write *vrai* if the statement is true and *faux* if the statement is false.

1. ________ Une vedette peut être un acteur ou une actrice.
2. ________ Le rideau se lève après la pièce.
3. ________ Beaucoup de pièces ont plusieurs actes.
4. ________ Les scènes d'une pièce sont divisées en actes.
5. ________ Le mot «scène» veut dire *stage* ou *scene*.
6. ________ Le mot «scène» veut dire *scenery*.
7. ________ Les acteurs et les actrices portent des décors.

Nom ______________________________ Date ____________________

E **Au cinéma et au théâtre.** Complete with an appropriate word.

1. On prend les billets au ______________ .
2. On passe les films étrangers en version ______________ ou en version ______________ .
3. La plupart des cinémas ont plusieurs ______________ par jour.
4. On ______________ des films au cinéma et on ______________ des pièces au théâtre.
5. On peut lire les sous-titres sur l' ______________ .

Mots 2

F **Qu'est-ce que c'est?** Identify each item.

1.

2.

3.

4.

5.

1. ______________________
2. ______________________
3. ______________________
4. ______________________
5. ______________________

G **Un musée.** Answer personally.

1. Est-ce qu'il y a un musée près de chez vous?

____

2. Comment s'appelle-t-il?

____

3. Où est-il?

____

(continued on next page)

4. C'est un grand musée ou un petit musée?

____

5. Vous y allez de temps en temps?

____

6. Ce musée a beaucoup d'expositions?

____

7. Il y a des tableaux et des statues dans ce musée?

____

8. Y a-t-il souvent des expositions intéressantes?

____

H **Ce que je sais.** Give the following information.

1. le nom d'un(e) peintre

____

2. le nom d'un sculpteur

____

3. le nom d'une vedette de cinéma

____

4. le nom d'un tableau

____

5. le nom d'une statue

____

6. le titre d'un film

____

7. le titre d'une pièce

____

Nom ______________________________ Date ____________________

STRUCTURE

Les verbes **connaître** *et* **savoir** *au présent*

A **Vous connaissez ou vous savez?** Rewrite each sentence and make all necessary changes.

Je connais Jean-Claude et je sais qu'il est français.

1. Il ______________________________
2. Elle ______________________________
3. Nous ______________________________
4. Je ______________________________
5. Tu ______________________________
6. Vous ______________________________
7. Ils ______________________________

B **On ne connaît pas l'Alsace.** Complete with the correct form of *connaître* or *savoir*.

Corinne et Patricia vont en France. Elle vont visiter l'Alsace. Elles ______ (1) assez bien Paris, mais elles ne ______ (2) pas toutes les provinces. Elles ______ (3) que Strasbourg est la capitale de l'Alsace. Elles ont vu des photos de Strasbourg. Elles ______ (4) que c'est une ville pittoresque. Corinne et Patricia veulent ______ (5) l'Alsace. Elles veulent ______ (6) si les restaurants alsaciens sont aussi bons que les restaurants parisiens. Elles ______ (7) qu'on sert beaucoup de choucroute en Alsace. Elles veulent ______ (8) s'il y a une influence allemande en Alsace.

C **C'est quel verbe?** Complete with the correct form of *savoir* or *connaître*.

1. Je ______ que tu ______ Paris.
2. Je ______ que ton frère ______ ma sœur.
3. C'est vrai. Mon frère ______ ta sœur mais moi, je ne la ______ pas.
4. Ce sont ta sœur et toi (vous) qui ______ très bien la littérature française, n'est-ce pas?
5. Non, nous ne ______ pas très bien la littérature française mais nous ______ que Jacques Prévert est un poète du vingtième siècle.

Nom ______________________ Date ______________

D **Je sais quelque chose au sujet de ces villes.** Write what you know about the following cities. Begin each sentence with *je sais que*.

1. Paris ______________________

____

2. Nice ______________________

____

3. Strasbourg ______________________

____

Les pronoms le, la, les

E **Que fait la pompiste à la station-service?** Rewrite each sentence using an object pronoun to replace the italicized words.

1. La pompiste ne remplit pas *le radiateur*.

____

2. Elle vérifie *les pneus*.

____

3. Elle ne remplace pas *la ceinture de sécurité*.

____

4. Elle vérifie *les niveaux*.

____

F **Un peu de culture.** Rewrite each sentence using an object pronoun to replace the italicized words.

1. J'aime *le cinéma*.

____

2. Je vois *les films étrangers* en V.O.

____

3. Pas moi, je préfère *les films* doublés.

____

4. Tu as *Pariscope*?

____

5. Oui. Tu veux *Pariscope*?

____

6. Tu connais *les comédies de Molière*?

____

7. Non, je ne connais pas *ses comédies*.

____

8. On présente *sa comédie «le Tartuffe»* ce soir au Théâtre de la Ville.

____

Les prépositions avec les noms géographiques

G **En France!** Complete with the correct preposition.

1. Je vais ______________ Nice ______________ France.
2. J'ai des amis ______________ Nice.
3. Nice est ______________ Provence.
4. Je vais visiter Nice et ensuite nous allons ensemble ______________ Strasbourg ______________ Alsace.

H **Les destinations.** Complete with the correct preposition.

1. Je vais ______________ Maroc.
2. Nous allons ______________ Espagne.
3. Je vais ______________ Canada.
4. Je vais ______________ Bretagne.
5. Je vais ______________ Brésil ______________ Amérique du Sud. Je vais ______________ Rio.

Les verbes irréguliers **venir, revenir** *et* **devenir** *au présent*

I **On vient et on revient.** Complete with the correct present tense form of the indicated verb.

1. Ces touristes ______________ du Japon. C'est un très long voyage? (venir)
2. Tu vas au Japon la semaine prochaine, n'est-ce pas? Et tu ______________ quand? (revenir)
3. Quand est-ce que je ______________ ? Tu veux dire quand est-ce que nous ______________ . J'y vais avec Robert. (revenir, revenir)
4. Robert Cassighi? D'où ______________ -il? (venir)
5. Robert? Il ______________ des États-Unis. (venir)

La préposition de *avec les noms géographiques*

J **Des cartes d'embarquement.** Write sentences about each of the following airplane boarding passes, according to the model.

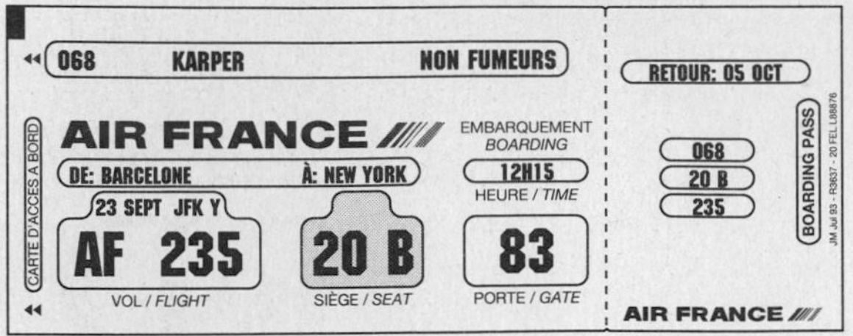
068 KARPER NON FUMEURS
AIR FRANCE
DE: BARCELONE À: NEW YORK
23 SEPT JFK Y
AF 235 — VOL / FLIGHT
20 B — SIÈGE / SEAT
EMBARQUEMENT / BOARDING 12H15 HEURE / TIME
83 — PORTE / GATE
RETOUR: 05 OCT
068 / 20 B / 235
BOARDING PASS
AIR FRANCE

Modèle: Tu
Tu viens d'Espagne et tu vas aux États-Unis. Tu reviens le cinq octobre.

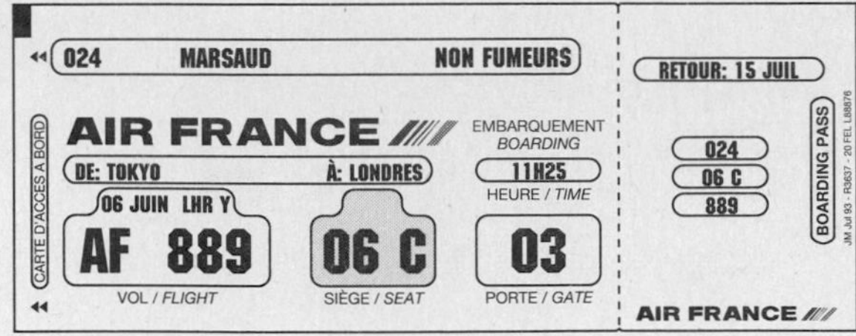
024 MARSAUD NON FUMEURS
AIR FRANCE
DE: TOKYO À: LONDRES
06 JUIN LHR Y
AF 889 — VOL / FLIGHT
06 C — SIÈGE / SEAT
EMBARQUEMENT / BOARDING 11H25 HEURE / TIME
03 — PORTE / GATE
RETOUR: 15 JUIL
024 / 06 C / 889
BOARDING PASS
AIR FRANCE

1. Marianne

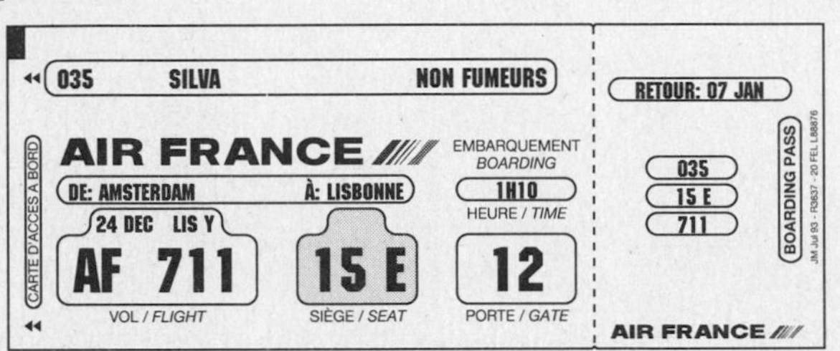
035 SILVA NON FUMEURS
AIR FRANCE
DE: AMSTERDAM À: LISBONNE
24 DEC LIS Y
AF 711 — VOL / FLIGHT
15 E — SIÈGE / SEAT
EMBARQUEMENT / BOARDING 1H10 HEURE / TIME
12 — PORTE / GATE
RETOUR: 07 JAN
035 / 15 E / 711
BOARDING PASS
AIR FRANCE

2. Les Silva

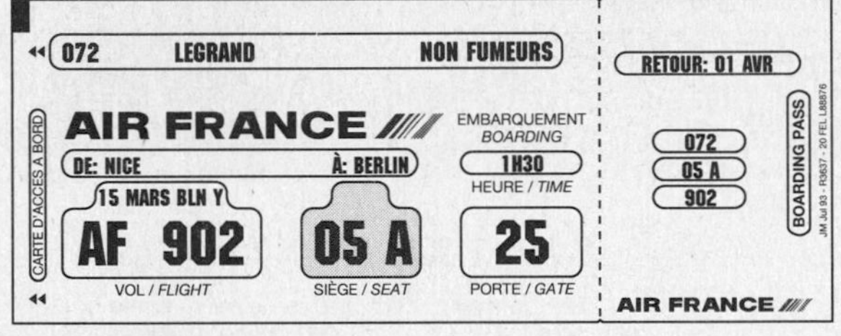
072 LEGRAND NON FUMEURS
AIR FRANCE
DE: NICE À: BERLIN
15 MARS BLN Y
AF 902 — VOL / FLIGHT
05 A — SIÈGE / SEAT
EMBARQUEMENT / BOARDING 1H30 HEURE / TIME
25 — PORTE / GATE
RETOUR: 01 AVR
072 / 05 A / 902
BOARDING PASS
AIR FRANCE

3. Nous

009 BRUNO NON FUMEURS
AIR FRANCE
DE: MEXICO À: TORONTO
08 AOÛT TNO Y
AF 345 — VOL / FLIGHT
24 D — SIÈGE / SEAT
EMBARQUEMENT / BOARDING 10H05 HEURE / TIME
10 — PORTE / GATE
RETOUR: 30 AOÛT
009 / 24 D / 345
BOARDING PASS
AIR FRANCE

4. Je

1. ____

____

2. ____

____

3. ____

____

4. ____

____

Nom ______________________ Date ______________________

UN PEU PLUS

A **Une annonce.** Look at this announcement and answer the following questions about it.

ÉGLISE SAINT-AUGUSTIN
PLACE ET MÉTRO SAINT-AUGUSTIN
Dimanche 8 décembre
à 16 h
ÉGLISE DE LA MADELEINE
PLACE ET MÉTRO MADELEINE
Mardi 10 décembre
à 20 h 30
VERDI
REQUIEM
Verena KELLER
soprano
Peyo GARAZZI
ténor
Lyne DOURIAN,
mezzo-soprano
Patrick PELEX
basse
CHŒURS: Arthur HONEGGER
de Fresnes et du Conservatoire du Centre de Paris
Direction: Anne-Marie LIÉNARD
ORCHESTRE LE SINFONIETTA de PARIS
Direction: Dominique FANAL
Locations: FNAC et par téléphone au 42 33 43 00
A l'église Saint-Augustin une heure
avant le début du concert
A l'église de la Madeleine les lundi 9 et mardi
10 de 11 h à 18 h et une heure avant le concert

1. C'est une annonce pour un concert ou un ballet?
   ____
2. Qui a composé le Requiem?
   ____
3. Où est l'Église Saint-Augustin?
   ____
4. Quand est-ce qu'on présente le Requiem à l'Église Saint-Augustin?
   ____
5. C'est quel jour de la semaine?
   ____
6. Le concert à l'Église Saint-Augustin commence à quelle heure?
   ____
7. Qui est la soprano? Et le basse?
   ____
   ____
8. Comment s'appelle l'orchestre?
   ____
9. On peut téléphoner pour louer (réserver, retenir) des places. À quel numéro?
   ____

Nom ______________________ Date ______________________

B **Exposition.** Read the following advertisement.

> **Exposition de portraits français de la fin du 16e siècle à la Révolution**
> **5 novembre – fin février**
>
> **Musée national du château de Pau**
>
> 64000 Pau. Tél 59 82 38 00
>
> Ouvert tous les jours de 9h30 à 12h et de 14h à 17h
> Prix d'entrée du musée donnant accès à l'exposition: 25 F.
> Tarif réduit et dimanche: 13 F.

C **Trouvez les renseignements.** Give the following information in English based on the advertisement in Exercise B.

1. What's on exhibit? ______________________
2. What's the name of the museum? ______________________
3. When is it open? ______________________
4. What's the entrance fee? ______________________
5. What does the entrance fee include? ______________________

D **En français.** Give the following information in French.

1. le numéro de téléphone du musée

____

2. les jours d'ouverture

____

3. les heures d'ouverture

____

____

4. le prix d'entrée

____

5. le prix d'entrée le dimanche

____

Nom ______________________________ Date ____________________

MON AUTOBIOGRAPHIE

Everyone gets involved in different cultural activities. Write about a cultural activity that interests you and mention others that you don't have any interest in.

Do you watch a lot of television? What programs do you watch?

Tell something about the drama club at your school. Is there a school star? Describe him or her.

Write about what types of movies you like. Do you go to the movies often? Who are your favorite movie stars?

Mon autobiographie

Nom ____________________ Date ____________________

SELF-TEST 4

A Identify the sport.

1. On pratique ce sport sur la glace. ____________________
2. On pratique ce sport sur la neige. ____________________
3. On a besoin de pistes. ____________________
4. Il y a deux équipes de onze joueurs. ____________________
5. On dribble le ballon. ____________________
6. On donne un coup de pied dans le ballon. ____________________

B Complete with an appropriate word.

1. On passe un film au ____________________ .
2. Et on ____________________ une pièce au théâtre.
3. Une ____________________ peut être un acteur ou une actrice.
4. Il y a plusieurs ____________________ au cinéma: à 13h, 15h, 17h et 19h.
5. On vend les ____________________ au guichet.

C Complete based on the illustration.

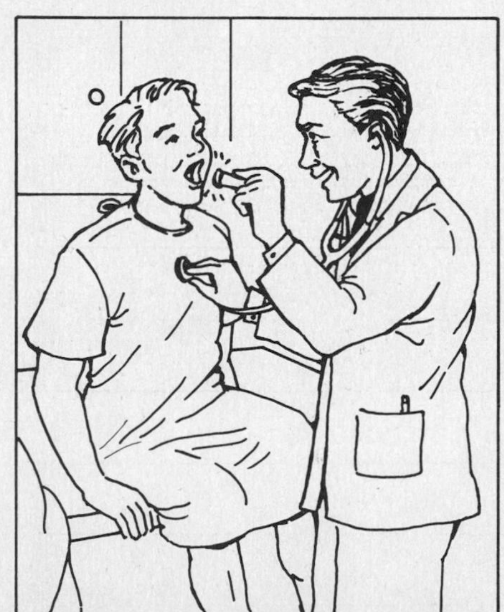

1. Le médecin ____________________ le malade.
2. Il examine la ____________________ du garçon. Le malade ouvre la ____________________ .
3. Le médecin prescrit des ____________________ .
4. Il donne une ____________________ au garçon.

D Complete with the correct question words.

— ______________ tu fais?

— Moi, j'étudie. Je fais mes devoirs. Et toi, ______________ tu fais?

— J'écoute mes nouvelles cassettes.

— Tu as toujours de nouvelles cassettes. ______________ te donne toutes ces cassettes?

E Write each sentence in the *passé composé*.

1. Je joue au football.

____

2. Nous gagnons presque tous les matchs.

____

3. Les spectateurs applaudissent.

____

4. Je prends le bus au stade.

____

5. J'attends devant le guichet.

____

6. René fait une chute.

____

7. Il dit «Zut!»

____

8. Il ne voit pas la peau de banane.

____

Nom ______________________________ Date ____________________

F Complete with the correct form of *savoir* or *connaître*.

1. Je ______________ Suzanne.
2. Je ______________ où elle habite.
3. Je ______________ son adresse.
4. Elle ______________ mon frère.
5. Elle voyage souvent en France. Elle ______________ bien Paris.
6. Moi, je ______________ que la France est en Europe, mais je ne ______________ pas le pays.

G Answer using an object pronoun.

1. Tu connais *Suzanne*?

____

2. Tu sais *son numéro de téléphone*?

____

3. Suzanne *t'*invite de temps en temps à une fête?

____

4. Et tu invites *Suzanne* à des fêtes?

____

H Complete with the correct preposition.

1. Je vais ______________ France et mes amis vont ______________ Espagne.
2. Ensuite nous allons tous ______________ Maroc.
3. Je vais passer deux semaines ______________ Paris et mes amis vont passer quinze jours ______________ Madrid.
4. Nous allons ______________ Casablanca ______________ Maroc.
5. Ahmed, tu es marocain, n'est-ce pas? Tu viens ______________ Maroc?
6. Non, je ne viens pas ______________ Maroc. Je viens ______________ Tunisie.
7. Je suis ______________ Tunis, la capitale.

Nom ________________________________ Date ____________________

I Complete with the present tense of the verb *venir*.

1. Je ______________ des États-Unis.
2. Mon grand-père paternel ______________ d'Irlande.
3. Et mes grands-parents maternels ______________ du Maroc.
4. Maman dit toujours que nous ______________ de beaucoup de pays.

J Circle the letter of the appropriate answer.

1. Quand est-ce qu'on fait du ski?
   a. En hiver.
   b. En été.
   c. En automne.
2. Où est-ce qu'on skie?
   a. Aux stations balnéaires.
   b. Sur les terrains.
   c. Aux stations de sports d'hiver.
3. Qu'est-ce qu'on met pour skier?
   a. Une jupette et un maillot.
   b. Un anorak et des gants.
   c. Un pantalon et une chemise.
4. Qu'est-ce que le football?
   a. Un ballon.
   b. Un sport d'équipe.
   c. Deux mi-temps.
5. En quoi une pièce est-elle divisée?
   a. En décor.
   b. En acteurs et actrices.
   c. En actes.
6. Qu'est-ce qui a des sous-titres?
   a. Les films doublés.
   b. Les films étrangers.
   c. Les séances.
7. Quel est un des symptômes d'un rhume?
   a. Une angine.
   b. Le nez qui coule.
   c. Un mouchoir.
8. Comment se sent-il?
   a. Il va bien.
   b. Il rigole.
   c. Il ne se sent pas.

Answers appear on page 190.

CHAPITRE

17 L'HÔTEL

VOCABULAIRE

Mots 1

A **L'arrivée à l'hôtel.** Complete with an appropriate word.

1. Le ______________________ travaille à la réception.
2. La réception est située (se trouve) dans le ______________________ de l'hôtel.
3. Un client qui arrive à l'hôtel remplit la ______________________ à la réception.
4. Toutes les chambres des hôtels modernes ont une ______________________ privée.
5. Pour monter au troisième étage on peut prendre l' ______________________ ou l' ______________________ .
6. Il faut avoir une ______________________ pour ouvrir la porte de sa chambre.

B **Quel est le contraire?** Match each word or expression in the left-hand column with its opposite in the right-hand column.

1. ___ une chambre pour une personne	**a.**	partir
2. ___ arriver	**b.**	descendre
3. ___ monter	**c.**	rentrer
4. ___ sortir	**d.**	une chambre double

C **Dans le hall de l'hôtel.** Write as much as you can about the illustration.

Nom ______________________________ Date ______________________________

____

____

____

____

____

____

____

____

____

Mots 2

D **Une chambre d'hôtel.** Identify each item.

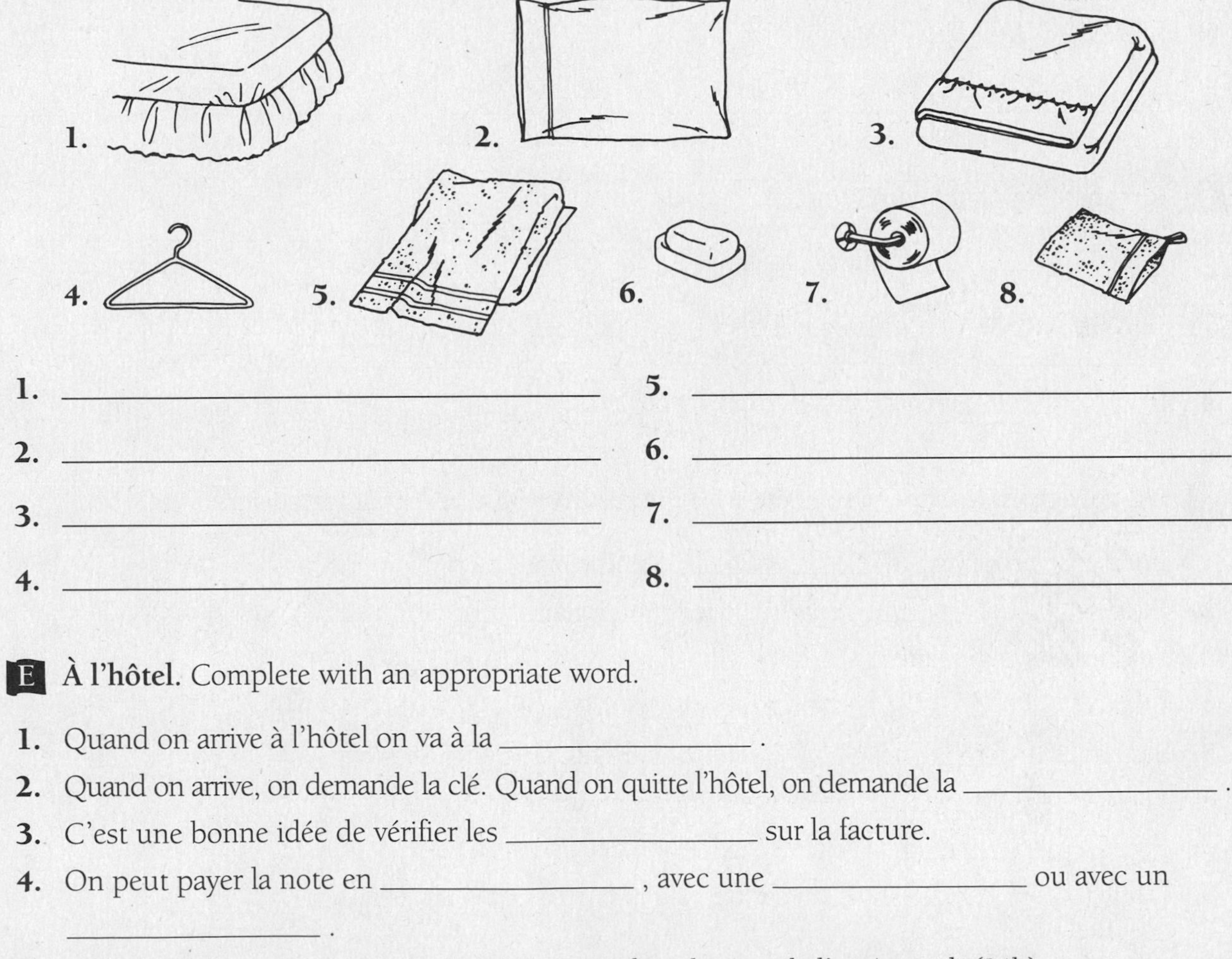

1. ______________________________ 5. ______________________________

2. ______________________________ 6. ______________________________

3. ______________________________ 7. ______________________________

4. ______________________________ 8. ______________________________

E **À l'hôtel.** Complete with an appropriate word.

1. Quand on arrive à l'hôtel on va à la ______________ .
2. Quand on arrive, on demande la clé. Quand on quitte l'hôtel, on demande la ______________ .
3. C'est une bonne idée de vérifier les ______________ sur la facture.
4. On peut payer la note en ______________ , avec une ______________ ou avec un ______________ .
5. Il faut ______________ la chambre avant deux heures de l'après-midi (14h).

STRUCTURE

Le passé composé avec être

A **À l'école.** Rewrite in the *passé composé*.

1. Je vais à l'école.

____

2. J'arrive à l'école à 7h45.

____

3. J'arrive avec mes copains.

____

4. Nous entrons dans l'école.

____

5. Nous montons au deuxième étage.

____

6. Mais Marie monte au premier.

____

B **Robert.** Complete with *est* or *a*.

1. Robert ____________ allé à l'école.
2. Il ____________ pris l'autobus.
3. Il ____________ arrivé à l'école à l'heure.
4. Il ____________ venu dans la cour.
5. Il ____________ parlé avec ses copains.
6. Il ____________ vu son professeur.
7. Il ____________ dit «bonjour» au prof.
8. Il ____________ entré dans l'école.

C **Un voyage en Europe.** Complete with the *passé composé* of the indicated verb.

1. Érica et ses copines ________________ en Europe. (aller)
2. Elles ________________ en France le huit au matin. (arriver)
3. Le douanier a demandé, «D'où ________________ -vous ________________ ?» (venir)
4. Érica ________________ de l'aéroport. (sortir)
5. Ses amies ________________ quelques minutes plus tard. (sortir)
6. Elles ________________ chercher l'arrêt des (auto)cars. (aller)
7. Elles ________________ dans le car. (monter)
8. Le car ________________ au centre ville une heure plus tard. (arriver)

Nom ______________________ Date ______________________

D'autres verbes avec **être** *au passé composé*

D **Un petit séjour.** Answer using the cues below.

1. Combien de jours les touristes sont-ils restés dans le Sahara? (huit jours)

____

2. Quelqu'un est tombé malade? (Oui)

____

3. Qui est tombé malade? (La guide)

____

4. Elle est morte? (Non)

____

5. Elle est restée au lit? (Oui, toute la journée)

____

Le passé composé: **être** *ou* **avoir**

E **L'arrivée à l'hôtel.** Rewrite in the *passé composé.*

1. Marie monte au troisième étage.

____

2. Elle monte ses bagages.

____

3. Elle sort la clé de sa poche.

____

4. Elle descend.

____

5. Elle ne descend pas ses bagages.

____

6. Elle sort.

____

7. Elle rentre deux heures plus tard.

____

Nom ______________________________ Date ______________________

Les pronoms lui, leur

F **Le client parle au réceptionniste.** Rewrite, replacing the italicized words with an object pronoun.

1. Le client demande la facture *au réceptionniste*.

____

2. Le réceptionniste donne la facture *au client*.

____

3. Le client dit «merci» *au réceptionniste*.

____

4. Le client pose des questions *au réceptionniste*.

____

5. Le réceptionniste explique les frais *au client*.

____

G **Je téléphone.** Rewrite, replacing the italicized words with an object pronoun.

1. Je téléphone *à mes copains*.

____

2. Je parle *à Marie*.

____

3. Je vais parler aussi *à Christian*.

____

4. Je parle *à mes deux amis* en espagnol.

____

5. Je ne demande pas souvent *à mes amis* de répéter quelque chose.

____

Nom ______________________ Date ______________________

H **Je téléphone toujours.** Rewrite the sentences, replacing the italicized words with *les* or *leur.*

1. Je téléphone *à mes amis*.

____

2. Je parle *à mes amis* en français.

____

3. J'invite *mes amis* à une fête.

____

4. Je n'écris pas *à mes amis*.

____

5. Je parle *à mes amis* au téléphone.

____

6. Je donne mon adresse *à mes amis*.

____

UN PEU PLUS

A **Une facture.** Look at the following hotel bill and answer the following questions about it.

1. Quel est le numéro de la chambre?

____

2. Comment s'appellent les clients?

____

3. Quel est le prix de la chambre?

____

4. Ils ont pris combien de petits déjeuners?

____

5. Ils ont utilisé le téléphone?

____

6. C'est combien la taxe?

____

7. Quel est le prix net à payer?

____

N° 14 — PRIX NETS

M./Mme Blatty — Le 23/06/93

1	Chambre	250	—
	Chambre		
2	Petit Déjeuner	66	—
	Bar		
	Téléphone		
	Sous Total ...	316	—
	Taxe de Séjour .	6	—
	Total		
	Arrhes		
	Net à payer ...	322	—

Acceptant le règlement des sommes dues par chèques libellés à son nom en sa qualité de membre d'un centre de gestion agréé par l'administration fiscale

HOTEL DE LA PLAGE ☆☆ NN

20, Boulevard de Verdun — 76200 Dieppe

☎ 35 84 18 28 (4 l. group.) Télex LAPLAGE 180485 F

R. C. DIEPPE A 732 740 295 Fax 35 82 36 82

B **Des renseignements.** Give the following information about the hotel bill above.

1. le nom de l'hôtel ______________________
2. l'adresse de l'hôtel ______________________
3. le code postal ______________________

C **Une lettre.** Write a letter to a hotel in France. You want to reserve a room. Tell them what kind of room you want. Give them your dates of arrival and departure, time of arrival, and how you plan to pay.

Ask how much the rate is for the room you want, what time checkout is, and what interesting things there are to do and see in the area.

(votre adresse)

(l'adresse de hôtel)

(date)

Monsieur / Madame,

Nom ______________________ Date ______________________

MON AUTOBIOGRAPHIE

Have you ever stayed in a hotel? If you have, describe your hotel stay. How long did you stay? What was the hotel like? Where was it? If you haven't, imagine that you are going to stay in a hotel soon. Write about it.

Mon autobiographie

Nom ______________________ Date ______________________

CHAPITRE
18 L'ARGENT ET LA BANQUE

VOCABULAIRE

Mots 1

A La monnaie américaine et la monnaie française. Complete with an appropriate word.

1. Les dollars sont de l'argent ________________ .
2. Il y a des ________________ de 1, 5, 10, 20, 50 et 100 dollars.
3. Et il y a des ________________ de 1, 5, 10, 25 et 50 *cents*.
4. Les francs français sont aussi de l'argent ________________ .
5. Il y a des ________________ et des ________________ de francs.
6. Et il existe des ________________ de centimes.

B Des termes financiers. Complete with an appropriate word.

—J'ai un billet de 100 francs mais je n'ai pas de ________________ .

—Tu veux de la ________________ ?

—Oui, je voudrais dix ________________ de l0 francs.

—Pas de problème. Je les ai.

Mots 2

C Le pauvre Émile. Complete with an appropriate word.

Émile est ________________ (1), c'est-à-dire qu'il n'a pas d'argent. Il ne va pas à la banque parce qu'il n'a pas de compte d' ________________ (2). La banque ne va pas lui donner d'argent. Il va chez un ami. Son ami lui ________________ (3) mille francs. C'est un très bon ami, n'est-ce pas? Maintenant Émile ________________ (4) de l'argent à son ami.

D Comment payer? Respond to the following.

Il faut payer une addition, une note ou une facture. Il y a trois façons (manières) de payer. Quelles sont ces trois façons de payer?

1. avec une ________________
2. avec de l' ________________
3. avec un ________________

Nom ______________________ Date ______________

STRUCTURE

Le pronom y

A **Au Mont-Sainte-Anne.** Rewrite each sentence, using the pronoun *y* to replace the italicized word.

1. Charles va souvent *au Canada*.

____

2. Il va *au Canada* en hiver.

____

3. Il fait du ski *au Mont-Sainte-Anne*.

____

4. Il passe quelques jours *au Mont-Sainte-Anne*.

____

5. Il va *au guichet*.

____

6. Il prend des tickets pour le télésiège *au guichet*.

____

7. Il monte en télésiège *au sommet de la montagne*.

____

8. *Au sommet* il descend du télésiège.

____

Y, lui, *ou* leur

B **Robert paie la facture.** Rewrite each sentence using *y* or *lui* to replace the italicized words.

1. Robert va *à la réception*.

____

2. Il parle *au réceptionniste*.

____

3. Le réceptionniste répond *à ses questions*.

____

4. Robert demande sa facture *au réceptionniste*.

____

5. Robert vérifie les frais *à la réception*.

____

6. Il pose une question *au réceptionniste*.

____

7. Le réceptionniste répond *à la question*.

____

8. Il explique les frais *à Robert*.

____

Le pronom en

C **Qu'est-ce que tu as?** Answer as indicated, using the pronoun *en*.

1. Tu as des francs? (oui)

____

2. Tu as des billets? (oui)

____

3. Tu as des pièces? (non)

____

4. Tu as de la monnaie? (non)

____

5. Tu vas changer des francs? (oui)

____

6. Tu as besoin de dollars? (oui)

____

7. Tu viens de la banque? (non)

____

Nom ______________________ Date ______________________

D'autres emplois du pronom en

D **J'en ai combien?** Answer personally with a number and the pronoun *en*.

1. Tu as combien de frères?

____

2. Tu as combien de sœurs?

____

3. Tu as combien de cousins?

____

4. Tu as combien de cousines?

____

5. Tu as combien d'oncles?

____

6. Tu as combien de tantes?

____

E **Tu as combien de cours?** Answer personally with a number and the pronoun *en*.

1. Tu as combien de cours ce semestre?

____

2. Tu aimes combien de ces cours?

____

3. Combien de ces cours est-ce que tu trouves intéressants?

____

4. Et combien de ces cours est-ce que tu trouves ennuyeux, c'est-à-dire pas intéressants?

____

Nom ______________________ Date ______________________

Les verbes recevoir *et* devoir

F **Qu'est-ce qu'on reçoit?** Write a sentence telling what each of these people receive for his or her birthday. Follow the model.

Modèle:
Je reçois un chat pour mon anniversaire.

1. Nous

2. Papa

3. Mes grands-parents

4. Elle

5. Tu

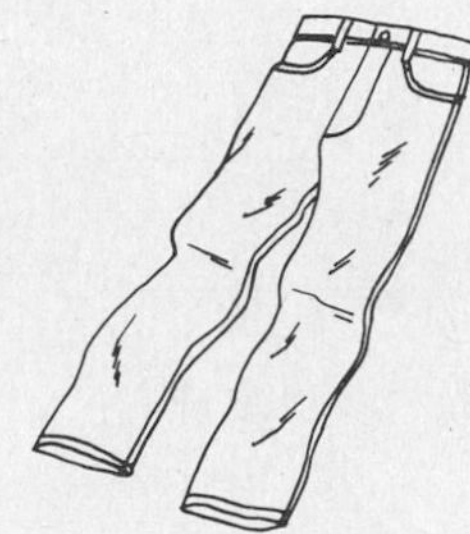

6. Je

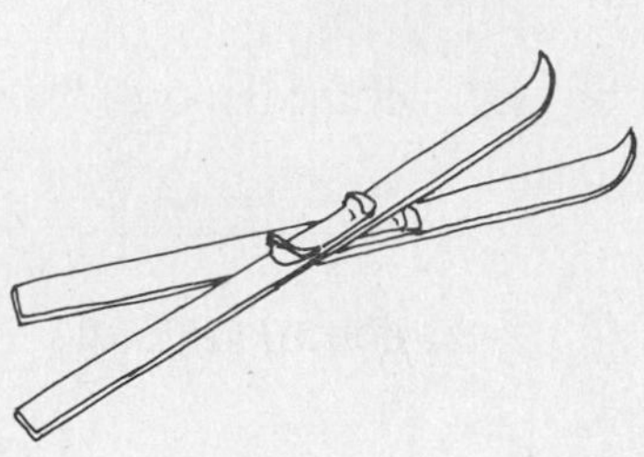

7. Vous

1. ______________________
2. ______________________
3. ______________________
4. ______________________
5. ______________________
6. ______________________
7. ______________________

G **Tu dois combien?** Rewrite the sentence with the subjects indicated.

Je dois dix dollars à mon père.

1. Nous ______________________.
2. Il ______________________.
3. Vous ______________________.
4. Mes copains ______________________.
5. Tu ______________________.

UN PEU PLUS

A **L'argent américain.** Read the following about money and banks that appears in a guide book for French travellers travelling in the States.

L'argent américain

L'unité monétaire est le dollar US$, qui se divise en 100 cents. Il existe des pièces de 1 cent (*penny*), 5 cents (*nickel*), 10 cents (*dime*) et 25 cents (*quarter*); et des billets de 1, 5, 10, 20, 100 et 500 dollars. Les billets sont verts et toujours du même format.

Les banques sont ouvertes de 9^h à 15^h du lundi au vendredi.

Les chèques de voyage sont acceptés dans les banques, hôtels, restaurants, magasins, etc.

B **Répondez.** Answer based on the above information.

1. Quelle est l'unité monétaire des États-Unis?

____

2. Le dollar se divise en combien de *cents*?

____

3. De quelle couleur sont les billets?

____

4. Est-ce que tous les billets sont du même format?

____

C **L'argent français.** You already know something about French money. Answer the following questions.

1. Est-ce qu'en France tous les billets sont du même format?

____

2. Est-ce qu-ils sont tous de la même couleur?

____

3. Le franc se divise en combien de centimes?

____

D **Un peu d'argot.** In all languages there are many different slang or popular expressions that people use to talk about money. Compare the following English and French slang expressions.

He's loaded.	*Il a plein de fric.*
He's got ten bucks.	*Il a dix balles (francs).*
He's broke.	*Il est fauché.*
	Il est à sec.
He doesn't have a cent.	*Il n'a pas un rond.*
He's filthy rich.	*Il est rupin.*
He's a cheapskate, a tightwad.	*Il est radin.*
He throws his money away.	*Il claque son fric.*

E **Quelle est l'expression?** Rewrite the following in a less formal way.

1. Il n'a pas d'argent.

____

2. Il a beaucoup d'argent.

____

3. Il est très, très riche.

____

4. Il dépense beaucoup d'argent facilement.

____

5. Il n'aime pas dépenser son argent.

____

Nom ______________________________ Date ______________________

MON AUTOBIOGRAPHIE

Write about your feelings about money. Do you think it is important or not? Explain your opinion. Do you save money or do you spend it all? What do you do with your money and where do you get it? Do you have a job? If so, tell something about it.

Mon autobiographie

Nom ____________________ Date ____________________

ANSWERS TO SELF-TEST 1

If you made any mistakes on the test, review the corresponding page(s) in your textbook indicated in parentheses under the answers to that section of the test.

A

1. française	**4.** lycée (collège)
2. brun	**5.** frère
3. grande	**6.** copains

(For questions 1–3, review Chapter 1, *Mots 1*, pages 14–15 and *L'accord des adjectifs au singulier*, page 23. For questions 4–5, review Chapter 1, *Mots 2*, pages 17–18. For question 6, review Chapter 2, *Mots 1*, pages 38–39.)

B

1. regarde	**4.** passent
2. écoute	**5.** dansent
3. prépare	

(Review *Les verbes réguliers en –er au présent*, pages 73–74.)

C

1. mère, père	**4.** oncle
2. grands–parents	**5.** cousins, cousines
3. tante	

(Review Chapter 4, *Mots 1*, page 88.)

D

1. la chambre à coucher
2. la salle de bains
3. la cuisine
4. la salle à manger
5. la salle de séjour

(Review Chapter 4, *Mots 2*, page 93.)

E

1. américaine, sympathique
2. américain, sympathique
3. américaines, sympathiques
4. américains, sympathiques

(For questions 1–2, review *L'accord des adjectifs au singulier*, page 23. For questions 3–4, review *L'accord des adjectifs au pluriel*, pages 50–51.)

F

1. Le	**4.** l'
2. la	**5.** Les
3. le	

(For questions 1–4, review *Les articles définis au singulier*, page 22. For question 5, review *Le pluriel: Articles et noms*, page 45.)

G

1. Une, un	**2.** une, des

(For questions 1–2, review *Les articles indéfinis au singulier*, page 21. For question 3, review *L'article indéfini au pluriel*, page 76.)

H

1. suis	**4.** es
2. est	**5.** êtes
3. sommes	**6.** sont

(For questions 1, 2, 4, review *Le verbe* être *au singulier*, page 25. For questions 3, 5, 6, review *Le verbe* être *au pluriel*, pages 46–47.)

I

1. ai	**4.** ont
2. a	**5.** avez
3. a	**6.** as

(Review *Le verbe* avoir *au présent*, page 96.)

J

1. donne	**4.** aimes
2. arrivent	**5.** adore
3. dansons	**6.** regardez

(Review *Les verbes réguliers en –er au présent*, pages 73–74.)

K

1. b	**4.** b
2. a	**5.** c
3. b	

(For question 1, review *Lecture et Culture*, page 56. For question 2, review *Lecture et Culture*, page 80. For question 3, review Chapter 1, *Mots 1*, page 18 or *Découverte culturelle*, page 31. For question 4, review *Découverte culturelle*, page 81. For question 5, review Chapter 4, *Mots 1*, page 92.

ANSWERS TO SELF-TEST 2

If you made any mistakes on the test, review the corresponding page(s) in your textbook indicated in parentheses under the answers to that section of the test.

A

1.–5. Answers will vary but may include the following: *un coca, un café, un crème, un express, de l'eau (minérale), un thé (citron), un citron pressé, un Orangina.*
(Review Chapter 5, *Mots 1*, page 127.)

Nom ______________________ Date ______________

B

1.–5. Answers will vary but may include the following: *un sandwich (au jambon), un croque–monsieur, une omelette, une salade, des frites, une glace au chocolat.*
(Review Chapter 5, *Mots 1*, page 127.)

C

1. faim
2. café (restaurant)
3. carte
4. serveur
5. addition
6. pourboire

(For questions 1–4, review Chapter 5, *Mots 1*, pages 126–127. For questions 5–6, review Chapter 5, *Mots 2*, pages 129–130.)

D

1. à la boulangerie–(pâtisserie)
2. à la boucherie
3. au marché/chez le marchand de fruits et légumes
4. à la pâtisserie
5. à la crémerie

(For questions 1, 2, 4, 5, review Chapter 6, *Mots 1*, pages 150–151. For question 3, review Chapter 6, *Mots 2*, pages 154–155.)

E

1. un pot de moutarde
2. un croissant
3. une bouteille d'eau minérale
4. une baguette
5. une boîte de conserve

(For questions 2, 4, review Chapter 6, *Mots 1*, pages 150–151. For questions 1, 3, 5, review Chapter 6, *Mots 2*, pages 154–155.)

F

1. comptoir
2. billets
3. place
4. contrôle de sécurité
5. d'embarquement
6. décolle

(Review Chapter 7, *Mots 1*, pages 176–177.)

G

1. Les trains partent de la gare.
2. Les voyageurs attendent le train sur le quai.
3. On vend les billets au guichet.
4. L'horaire indique les heures des départs et des arrivées des trains.
5. Le contrôleur travaille dans le train.

(For questions 1–4, review Chapter 8, *Mots 1*, pages 200–201. For question 5, review Chapter 8, *Mots 2*, pages 203–204.)

H

1. vais
2. vont
3. fais
4. faites
5. voulez
6. veux
7. veux
8. peuvent
9. choisis
10. choisissons
11. sors
12. sortez
13. part
14. attends
15. attendent
16. entends
17. mets

(For questions 1–2, review *Le verbe* aller *au présent*, page 133. For questions 3–4, review *Le verbe* faire *au présent*, page 161. For questions 5–8, review *Les verbes* pouvoir *et* vouloir, page 164. For questions 9–10, review *Les verbes en–*ir *au présent*, page 184. For questions 11–13, review *Les verbes* sortir, partir, dormir *et* servir *au présent*, pages 188–189. For questions 14–16, review *Les verbes en –*re *au présent*, page 207. For question 17, review *Le verbe* mettre *au présent*, page 211.)

I

1. au
2. à l'
3. à la
4. aux

(Review *Les contractions avec* à *et* de, page 131.)

J

1. du
2. le
3. du
4. de
5. les
6. des

(For questions 1, 2, 3, 5, 6, review *Le partitif et l'article défini*, page 158. For question 4, review *Le partitif à la forme négative*, pages 159-160.

K

1. Answers will vary, but may include the following: *Oui, j'ai un frère. (Non, je n'ai pas de frères ou de sœurs.)*
2. ___ est mon frère (ma sœur).
3. Ma maison (mon appartement) est dans la rue ___ .
4. Ma maison (mon appartement) a cinq pièces.
5. Mes parents ont deux enfants.
6. Oui, ils adorent leurs enfants.

(Review Chapter 4, *Mots 1*, page 88; Chapter 4, *Mots 2*, page 93; *Les adjectifs possessifs*, pages 98–99; *Les adjectifs possessifs* notre, votre, leur, page 138.)

Nom ______________________________ Date ______________________

L

1. les journaux internationaux
2. les îles tropicales
3. ces classes
4. tous les villages

(For questions 1–2, review *Les noms et les adjectifs* en –al, page 187. For question 3, review *Les adjectifs démonstratifs*, page 209. For question 4, review *Les adjectifs* quel *et* tout, page 186.)

M

1. Quelle gare?
2. cette école
3. tout le livre
4. ce lycée
5. toute la classe

(For questions 1, 3, 5, review *Les adjectifs* quel *et* tout, page 186. For questions 2, 4, review *Les adjectifs démonstratifs*, page 209.)

N

1. b
2. a
3. c
4. b
5. a
6. c
7. a
8. c

(For question 1, review Chapter 6, *Mots 1*, pages 150–151 and *Mots 2*, pages 154–155. For question 2, review *Le futur proche*, page 137 and *Les contractions avec* à *et* de, point 3, page 136. For question 3, review Chapter 5, *Mots 1*, page 127. For question 4, review Chapter 8, *Mots 1*, pages 200–201. For question 5, review Chapter 7, *Mots 1*, page 176. For question 6, review Chapter 6, *Mots 2*, page 155. For question 7, review Chapter 5, *Mots 2*, page 130. For question 8, review Chapter 8, *Mots 2*, page 203.)

ANSWERS TO SELF-TEST 3

If you made any mistakes on the test, review the corresponding page(s) in your textbook indicated in parentheses under the answers to that section of the test.

A

1. a
2. b
3. c
4. b
5. b
6. c
7. c
8. a
9. b
10. c
11. b
12. a

(For questions 1–2, review Chapter 9, *Mots 1*, pages 236–237. For question 3, review Chapter 9, *Mots 2*, pages 239–240. For question 4, review Chapter 10, *Mots 2*, page 262. For questions 5–7, review Chapter 11, *Mots 1*, pages 282–283. For question 8, review Chapter 11, *Mots 2*, page 286. For questions 9–10, review Chapter 12, *Mots 1*, pages 306–307. For questions 11-12, review Chapter 12, *Mots 2*, pages 309–310.)

B

1. un maillot
2. des chaussures de tennis
3. une jupe
4. une chemise
5. un pantalon
6. un court de tennis
7. une plage
8. une boutique
9. une caisse
10. une salle de bains

(For questions 1, 7 review Chapter 9, *Mots 1*, page 236. For questions 3, 4, 5, 8, 9, review Chapter 10, *Mots 1*, page 258. For questions 2, 6, review Chapter 9, *Mots 2*, page 239. For question 10, review Chapter 4, *Mots 2*, page 93.)

C

1. prennent
2. prenons
3. prends
4. croit, voit
5. croyons, voyons
6. conduit
7. conduisez
8. écris, dites
9. écrivez, dis
10. lisent

(For questions 1–3, review *Les verbes* prendre, apprendre *et* comprendre *au présent*, page 243. For questions 4–5, review *Les verbes* croire *et* voir *au présent*, page 266. For questions 6–10, review *Les verbes* conduire, lire, écrire *et* dire *au présent*, page 313.)

D

1. me lève
2. vous rasez
3. me brosse
4. se couchent
5. nous réveillons
6. te couches, t'endors

(Review *Les verbes réfléchis*, pages 290–291.)

E

1. bon
2. gentille
3. blanche, bleu
4. sérieuse
5. délicieux

(For questions 1–2, review *Les adjectifs avec une double consonne*, page 247. For question 3, review Chapter 10, *Mots 2*, page 263. For questions 4–5, review *D'autres adjectifs irréguliers*, page 268.)

F

1. ___ est la plus grande ville de mon état.
2. Je suis plus âgé(e) que mon cousin. (Mon cousin est plus âgé que moi.)

(For question 1, review *Le superlatif*, page 271. For question 2, review *Le comparatif des adjectifs*, page 269.)

G

1. Moi
2. lui
3. eux
4. eux
5. Toi
6. elle

(Review *Les pronoms accentués*, page 245.)

Nom ______________________ Date ______________________

H

1. c
2. a
3. b
4. a
5. c
6. b
7. a
8. a

(For question 1, review Chapter 11, *Mots 1*, page 283. For question 2, review Chapter 11, *Mots 2*, page 287. For questions 3, 6, review Chapter 9, *Mots 1*, page 236. For question 4, review Chapter 10, *Mots 1*, page 259. For questions 5, 8, review Chapter 12, *Mots 1*, pages 306–307. For question 7, review Chapter 12, *Mots 2*, page 309.)

ANSWERS TO SELF-TEST 4

If you made any mistakes on the test, review the corresponding page(s) in your textbook indicated in parentheses under the answers to that section of the test.

A

1. le patinage
2. le ski
3. le cyclisme (le ski)
4. le foot(ball)
5. le basket(-ball)
6. le foot(ball)

(For question 1, review Chapter 14, *Mots 2*, page 369. For question 2, review Chapter 14, *Mots 1*, page 364. For questions 3–5, review Chapter 13, *Mots 2*, pages 345–346. For questions 4, 6, review Chapter 13, *Mots 1*, pages 342–343.)

B

1. cinéma
2. monte
3. vedette
4. séances
5. billets

(Review Chapter 16, *Mots 1*, pages 398–399.)

C

1. ausculte
2. gorge, bouche
3. médicaments
4. ordonnance

(For questions 1, 3, 4, review Chapter 15, *Mots 2*, pages 390–291. For question 2, review Chapter 15, *Mots 1*, page 386.)

D

Qu'est-ce que
qu'est-ce que
Qui

(Review *Qu'est-ce que*, page 353.)

E

1. J'ai joué au football.
2. Nous avons gagné presque tous les matchs.
3. Les spectateurs ont applaudi.
4. J'ai pris le bus au stade.
5. J'ai attendu devant le guichet.
6. Il a fait une chute.
7. Il a dit «Zut!»
8. Il n'a pas vu la peau de banane.

(For questions 1–3, review *Le passé composé des verbes réguliers*, page 350. For questions 4–8, review *Le passé composé des verbes irréguliers*, page 372.)

F

1. connais
2. sais
3. sais
4. connaît
5. connaît
6. sais, connais

(Review *Les verbes* savoir *et* connaître *au présent*, page 418.)

G

1. Oui, je la connais.
2. Non, je ne le sais pas.
3. Oui, elle m'invite de temps en temps à une fête.
4. Oui, je l'invite à des fêtes.

(For questions, 1, 2, 4, review *Les pronoms* le, la, les, page 420. For question 3, review *Les pronoms* me, te, nous, vous, page 394.)

H

1. en, en
2. au
3. à, à
4. à, au
5. du
6. du, de
7. de

(For questions 1–4, review *Les prépositions avec les noms géographiques*, page 422. For questions 5–7, review *La préposition* de *avec les noms géographiques*, page 425.)

I

1. viens
2. vient
3. viennent
4. venons

(Review *Les verbes irréguliers* venir, revenir *et* devenir *au présent*, page 424.)

J

1. a
2. c
3. b
4. b
5. c
6. b
7. b
8. a

(For questions 1–3, review Chapter 14, *Mots 1*, pages 364–365. For question 4, review Chapter 13, *Mots 1*, pages 342–343. For questions 5–6, review Chapter 16, *Mots 1*, pages 410–411. For questions 7–8, review Chapter 15, *Mots 1*, pages 386–387.

STUDENT TAPE MANUAL

STUDENT TAPE MANUAL

TABLE DES MATIÈRES

Nom ______________________________ Date ______________________

 BIENVENUE

For all activities in the preliminary lessons A–H, you will be asked to listen or listen and repeat.

CHAPITRE

1 UNE AMIE ET UN AMI

PREMIÈRE PARTIE

VOCABULAIRE

Mots 1

Activité A Listen and repeat.

Activité B Listen and choose.

	1	2	3	4
vrai				
faux				

Activité C Listen, read, and repeat.

Elle est...	*Il est...*
américaine	américain
blonde	blond
impatiente	impatient
intelligente	intelligent
intéressante	intéressant
patiente	patient
confiante	confiant

Activité D Listen and check.

la fille	________	amusant	________
le garçon	________	patiente	________
salut	________	intéressante	________
comment	________	Paris	________

Mots 2

Activité E Listen and repeat.

Nom____________________________________ Date ________________________

Activité F Listen and choose.

	1	2	3	4	5	6	7	8
vrai								
faux								

Activité G Listen, read, and repeat.

aimable—désagréable—timide—comique—sincère

populaire—fantastique—énergique—célèbre

STRUCTURE

Activité A Listen and choose.

	1	2	3	4	5	6	7	8	9	10
un										
une										

Activitié B Listen and write.

1. ________ trompette
2. ________ piano
3. ________ restaurant
4. ________ taxi
5. ________ statue
6. ________ lettre
7. ________ moustache
8. ________ garage
9. ________ guitare
10. ________ pipe

Activité C Listen and choose.

	1	2	3	4	5	6	7	8
un garçon								
une fille								

Activité D Listen and choose.

	1	2	3	4	5	6	7	8
about himself								
about a friend								
to you								

Nom ______________________ Date ______________

Activité E Listen and react.

Activité F Listen and repeat.

Activité G Listen and choose.

	1	2	3	4	5	6
oui						
non						

CONVERSATION

Activité H Listen.

Activité I Choose.

1. There are two people talking. ________
2. They are friends. ________
3. They have a friend in common. ________
4. The boy is from Paris. ________
5. The boy is from the South of France. ________
6. The girl likes where the boy lives. ________

PRONONCIATION

Activité J Pronunciation: Rhythm and Stress

DEUXIÈME PARTIE

Activité A Listen.

Activité B Listen and choose.

	1	2	3	4	5	6	7
vrai							
faux							

Activité C Listen and choose.

	1	2	3	4	5	6	7	8	9	10
vrai										
faux										

Nom ______________________ Date ______________________

CHAPITRE 2

LES COPAINS ET LES COURS

PREMIÈRE PARTIE

VOCABULAIRE

Mots 1

Activité A Listen and repeat.

Activité B Listen and identify.

__________ __________ __________

__________ __________ __________

Activité C Listen and choose.

	1	2	3	4	5	6
vrai						
faux						

Mots 2

Activité D Listen and repeat.

Activité E Listen and choose.

l'histoire __________
la biologie __________
l'anglais __________
la musique __________
le français __________
la littérature __________
la géographie __________
la géométrie __________
l'informatique __________
l'art __________

Nom ____ Date ____________________________

Activité F Listen and answer.

Activité G Listen and repeat.

STRUCTURE

Activité A Listen and choose.

	1	2	3	4	5	6	7	8
une personne								
deux personnes								

Activité B Listen.

Activité C Listen and choose.

	1	2	3	4
vrai				
faux				

Activité D Listen and answer.

Activité E Listen and choose.

	1	2	3	4	5	6	7	8
statement								
question								

Activité F Listen and choose.

	1	2	3	4	5	6	7	8
une(e) ami(e)								
un(e) adulte								

Activité G Listen and repeat.

Nom_______________________________________ Date ___________________________

Activité H Listen and choose.

____

____

____

____

____

____

____

____

CONVERSATION

Activité I Listen.

Activité J Listen and choose.

1. a b c

2. a b c

3. a b c

4. a b c

PRONONCIATION

Activité K Pronunciation: Final consonants

salut—devant—maintenant—un restaurant—l'art

le copain/les copains—le livre/les livres
la fille/les filles—la classe/les classes

Les garçons et les filles sont devant le restaurant.
Ils sont impatients.

DICTÉE

Activité L Listen to the speaker and fill in the blanks.

Salu_______ les ami_______! Nou_______ somme_______ maintenant devan_______ un restauran_______ espagnol, «le Madrid». Il est sept heure_______ du soir. Les élève_______ de Monsieu_______ Suarez, le professeur d'espagnol, son_______ tous là. Il_______ sont trè_______ sympathique_______. Monsieur Suarez est très conten_______ d'eux. Les élève_______ de Monsieur Suarez sont impatient_______: ils sont tous là pour un chouette dîner avec Monsieur Suarez!

Nom______________________________ Date ____________________

DEUXIÈME PARTIE

Activité A Listen.

Activité B Listen and choose.

	1	2	3	4	5	6
vrai						
faux						

Activité C Listen and fill in the schedule.

EMPLOI DU TEMPS

	8^h	9^h	10^h	11^h	12^h	2^h	3^h	4^h	5^h
LUNDI salle									
MARDI salle									
MERCREDI salle									
JEUDI salle									
VENDREDI salle									
SAMEDI salle									

Nom____________________ Date ____________________

CHAPITRE

3 EN CLASSE ET APRÈS LES COURS

PREMIÈRE PARTIE

VOCABULAIRE

Mots 1

Activité A Listen and repeat.

Activité B Listen and choose.

____

____

____

____

____

____

Activité C Listen and choose.

1. a b c
2. a b c
3. a b c
4. a b c
5. a b c
6. a b c
7. a b c

Mots 2

Activité D Listen and repeat.

Activité E Listen and check.

un magasin	________	des compact discs	________
un magazine	________	une vidéo	________
des magasins	________	un walkman	________
des magazines	________	une fête	________
des vidéos	________	la télé	________

Activité F Listen and choose.

1. ____________ 2. ____________ 3. ____________

4. ____________ 5. ____________ 6. ____________

STRUCTURE

Activité A Listen and react.

Activité B Listen and choose.

	1	2	3	4	5	6	7	8	9	10
les élèves										
les profs										
les deux										

Activité C Listen.

Activité D Listen and choose.

	1	2	3	4
vrai				
faux				

Nom ______________________ Date ______________________

Activité E Listen and react.

Activité F Listen and choose.

	1	2	3	4	5	6	7	8
une personne								
deux personnes								

Activité G Listen and choose.

	1	2	3	4	5	6
oui						
non						

Activité H Listen and answer.

CONVERSATION

Activité I Listen.

Activité J Listen and choose.

	1	2	3	4	5
vrai					
faux					

PRONONCIATION

Activité K Pronunciation: The sounds /*é*/ and /*è*/

DICTÉE

Activité L Letters and sounds: The sound /*é*/ spelled *é, er, ez,* or *es*
The sound /*è*/ spelled *è, ê,* or *ai(s)*

- The closed sound is indicated by an accent aigu—*é*.
- The open sound is indicated by an accent grave—*è*—or an accent circonflexe—*ê*.

l'école—le lycée—américain—le café—la télé—l'école
très—une matière—après—l'algèbre—un frère—sincère
une fête—être—vous êtes—même

Nom ________________________________ Date ____________________

- You know several other spellings of the closed sound /é/. They are *er* and *ez*, which are endings for *-er* verbs: *aimer*, *parler*, *vous écoutez*, and *es* as in *des* and *les*.
- You know one more spelling of the open sound /è/. It is *ai*, as in *français*.

français—anglais—habiter—vous rigolez—une semaine—les élèves

Activité M Listen to the speaker and fill in the blanks.

L______ ______l______ves du lyc______e de Nice ne sont pas tous franç______. Richard et John sont am______ricains. Ils aiment regard______ la t______l______ franç______se. Ils aiment aussi l______ f______tes. Et vous? Vous aim______ invit______ d______ amis? Vous rigol______ bien?

DEUXIÈME PARTIE

Activité A Listen and choose.

	1	2	3	4	5	6	7	8
dans un magasin								
à l'école								
à une fête								
dans la rue								

Activité B Listen and choose.

	1	2	3	4	5	6
français						
américains						

Nom_______________________ Date _______________________

CHAPITRE 4

LA FAMILLE ET LA MAISON

PREMIÈRE PARTIE

VOCABULAIRE

Mots 1

Activité A Listen and repeat.

Activité B Listen and choose.

	1	2	3	4	5	6	7	8	9	10
vrai										
faux										

Activité C Listen and choose.

	1	2	3	4	5	6
vrai						
faux						

Nom_______________________________________ Date ___________________________

Mots 2

Activité D Listen and repeat.

Activité E Listen and choose.

____

____

____

____

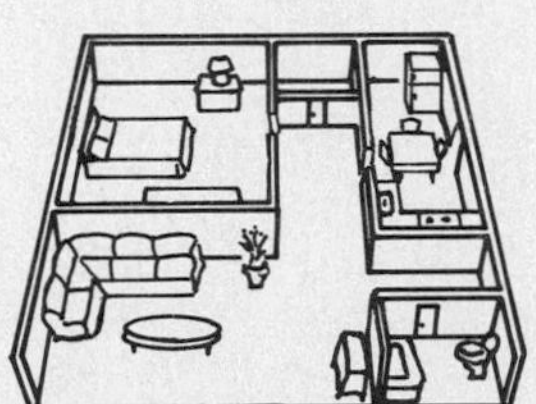

____

____

____

____

____

____

Activité F Listen and choose.

	1	2	3	4	5	6
vrai						
faux						

Nom ______________________ Date ______________________

STRUCTURE

Activité A Listen and answer.

Activité B Listen and answer.

Activité C Listen and react.

Activité D Listen and answer.

CONVERSATION

Activité E Listen.

Activité F Listen and choose.

1. a b c

2. a b c

3. a b c

4. a b c

5. a b c

6. a b c

7. a b c

PRONONCIATION

Activité G Pronunciation: The sound */ã/*

DICTÉE

Activité H Letters and sounds: The sound */ã/* spelled *an (am)* or *en (em)*

- The sound /ã/ is often spelled *a-n*.

  François est fantastique.
  Il est français.
  Il est grand, amusant.

- The sound /ã/ is also spelled *e-n*.

  Mes parents ont trente-neuf ans.

- But be careful! You know that the ending of the plural *ils* form of *-er* verbs is *-ent*. But this ending is never pronounced.

  Ils regardent la télé.
  Elles bavardent.

Nom_______________________________ Date _______________________

Activité I Listen to the speaker and fill in the blanks.

1. Les ______________ de mes oncles et de mes ______________ sont mes cousins.
2. Ses ______________ n' ______________ pas le mois de ______________ .
3. Mes ______________ - ______________ ______________ ______________ .

DEUXIÈME PARTIE

Activité A Listen and choose.

RUE DE LA SORBONNE
Beau studio s/cour
tout confort—salle
de bains 45.22.60.11
____

Champs-Élysées
Très beau studio
s/avenue, balcon,
vue sur Arc-de-Triomphe
Après 20 h 47.23.91.85
____

• • • TROCADERO • • •
Apt grand standing
6 pièces, 2-3 chambres
150 m² + balcon
2 bains, métro, RER
45.20.17.85
____

ROQUEFORT-LES-PINS
Entre Cannes et Nice
Superbe villa, belle vue
sur la mer, living 50 m²
4 chambres, 2 bains
Tél 16.93.07.36
____

VERSAILLES 5mns centre
maison 2 pièces, chambre
living, salle à manger
jardin/libre janvier
34.13.25.20
____

AGENCE DE LA SOURCE
Tél 46.20.35.22
Fax 46.20.36.42
JOINVILLE-LE-PONT pavillon
5 pièces, 5mns RER, jardin
____

Nom ________________________________ Date ____________________

Activité B Listen and match people and lodgings.

M. ET MME ROBERT

M. ET MME DE VILLIERS

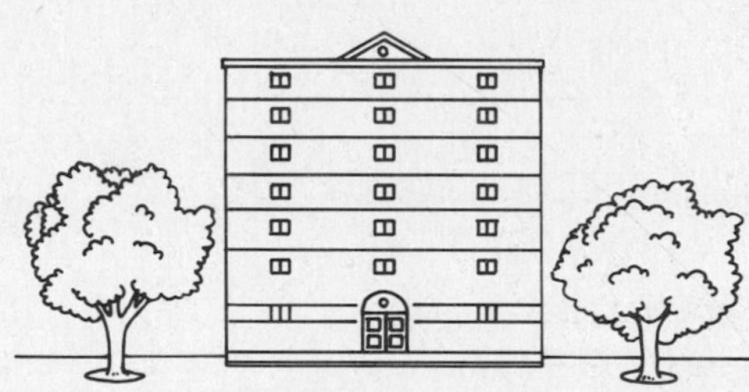

M. ET MME GERMAIN

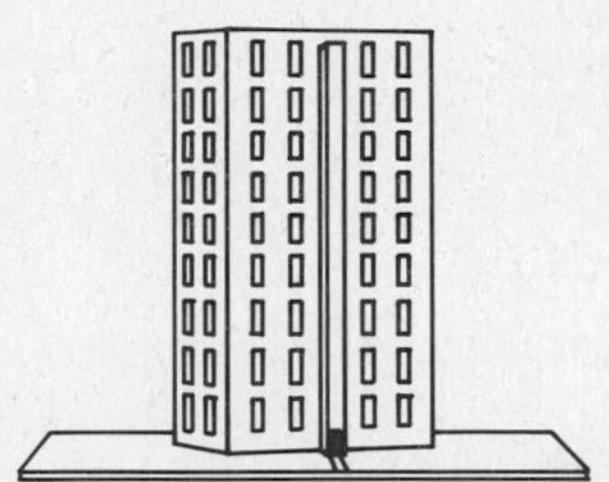

M. ET MME LELONG

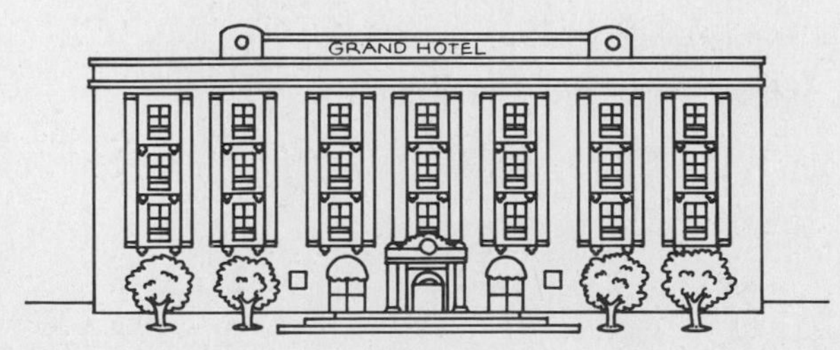

Nom ______________________ Date ______________________

CHAPITRE 5

AU CAFÉ ET AU RESTAURANT

PREMIÈRE PARTIE

VOCABULAIRE

Mots 1

Activité A Listen and repeat.

Activité B Listen and identify.

________ ________ ________

________ ________ ________

Activité C Listen and choose.

	1	2	3	4	5	6	7	8
elle a faim								
elle a soif								

Mots 2

Activité D Listen and repeat.

Activité E Listen and choose.

1. a b c
2. a b c
3. a b c
4. a b c
5. a b c

Nom ______________________ Date ______________________

Activité F Listen and choose.

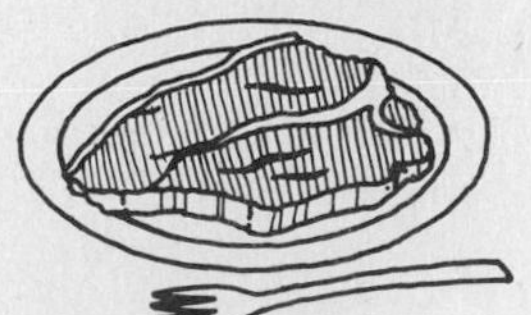

Activité G Listen and circle.

1. 73 63 76
2. 48 28 88
3. 73 93 63
4. 46 98 78
5. 79 69 96
6. 16 86 96
7. 70 10 90
8. 11 71 91
9. 86 90 46
10. 46 90 86

STRUCTURE

Activité A Listen and answer.

Activité B Listen and choose.

	1	2	3	4	5	6	7	8
aller								
avoir								

Activité C Listen.

Activité D Listen and choose.

	1	2	3	4
vrai				
faux				

Nom ______________________ Date ______________________

Activité E Listen and choose.

	1	2	3	4	5	6	7	8
maintenant								
demain								

Activité F Listen and choose.

	1	2	3	4	5	6	7	8
sa sœur								
ses parents								

CONVERSATION

Activité G Listen.

Activité H Listen and choose.

	1	2	3	4	5	6	7	8
vrai								
faux								

PRONONCIATION

Activité I Pronunciation: The sound */r/*

DICTÉE

Activité J Letters and sounds: The sound */u/* spelled *ou*

- The sound /u/ is always spelled *o-u*.

le couteau—la fourchette—le pourboire—la soupe—tout

Activité K Listen to the speaker and fill in the blanks.

1. ______________ est la ______________ ?
2. Je ______________ un ______________ et une ______________ , s'il ______________ plaît.
3. ______________ aimez la ______________ à l'oignon?

Nom ______________________ Date ______________

DEUXIÈME PARTIE

Activité A Listen and identify.

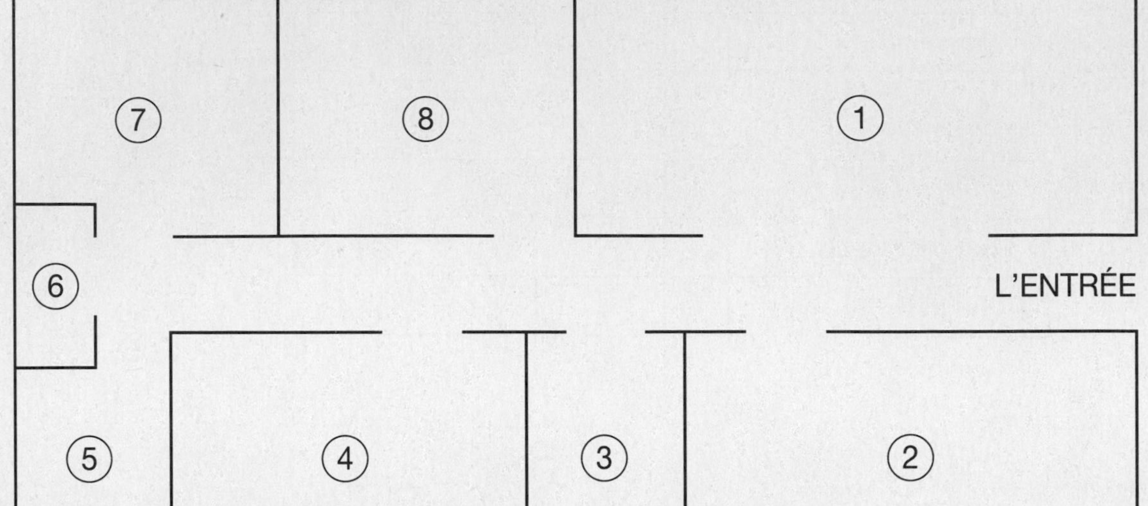

1. ______________
2. ______________
3. ______________
4. ______________
5. ______________
6. ______________
7. ______________
8. ______________

Activité B Listen and choose.

	1	2	3	4	5	6
à la maison						
au restaurant						

Activité C Listen and choose.

	1	2	3	4	5	6
vrai						
faux						

Nom ______________________ Date ______________________

CHAPITRE

6 ON FAIT LES COURSES

PREMIÈRE PARTIE

VOCABULAIRE

Mots 1

Activité A Listen and repeat.

Activité B Listen and choose.

	1	2	3	4	5	6	7
à la boulangerie-pâtisserie							
à la charcuterie							
à la boucherie							
à la crémerie							
à la poissonnerie							

Activité C Listen and answer.

Mots 2

Activité D Listen and repeat.

Activité E Listen and circle.

1. 205 115 250
2. 125 205 127
3. 550 500 700
4. 700 750 150
5. 923 903 900
6. 175 675 615
7. 100 170 1 000
8. 325 315 105
9. 190 170 110
10. 200 205 225

Activité F Listen and choose.

	1	2	3	4	5	6	7	8	9	10
de la viande										
des légumes										
des fruits										
une boisson										

Nom____ Date __________________________

STRUCTURE

Activité A Listen and answer.

Activité B Listen and answer.

Activité C Listen and choose.

	1	2	3	4	5	6	7	8
Amélie								
Amélie et sa sœur								
Guillaume								
Guillaume et Amélie								

CONVERSATION

Activité D Listen.

Activité E Listen and choose.

1. a b c

2. a b c

3. a b c

4. a b c

5. a b c

PRONONCIATION

Activité F Pronunciation: The sounds */œ́/* and */œ̀/*

Nom______________________________ Date ______________________

DICTÉE

Activité G Letters and sounds: The sound /œ/ spelled *eu* or *œu*
The sound /ø/ spelled *eu* or *œu*

Open sound	Closed sound
un œuf	des œufs
elles veulent	elle veut
ils peuvent	il veut
leur sœur	un peu
du bœuf	deux

Activité H Listen to the speaker and fill in the blanks.

L______r s______r v______t du b______rre et des ______fs. Il faut aussi du b______f et un p______ de pain. Vite! Parce qu'il est bientôt l'h______re de manger.

DEUXIÈME PARTIE

Activité A Listen and match.

PAPA

MAMAN

GRAND-MÈRE

GRAND-PÈRE

TANTE JACQUELINE

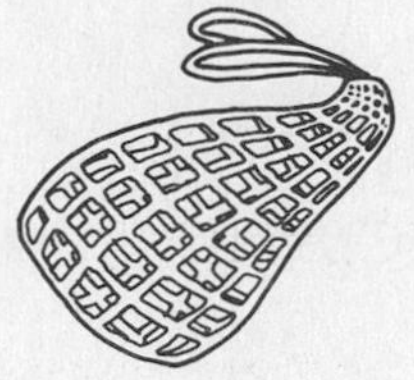

ROBERT

CAROLINE

Nom _______________ Date _______________

Activité B Listen and choose.

	1	2	3	4	5	6	7	8
vrai								
faux								

Activité C Listen and choose.

	1	2	3	4	5	6	7	8
en France								
aux États-Unis								

Nom ______________________ Date ______________________

CHAPITRE

7 L'AÉROPORT ET L'AVION

PREMIÈRE PARTIE

VOCABULAIRE

Mots 1

Activité A Listen and repeat.

Activité B Listen and check.

____

____

____

____

____

____

____

____

Activité C Listen and choose.

	1	2	3	4	5	6	7	8
un vol intérieur								
un vol international								
les deux								

Mots 2

Activité D Listen and repeat.

Activité E Listen and choose.

l'aéroport	__________	à destination de	__________
international	__________	le débarquement	__________
l'hôtesse de l'air	__________	atterrir	__________

Nom_________________________ Date _________________________

Activité F Listen and choose.

	1	2	3	4	5	6	7	8
avant le vol								
pendant le vol								
après le vol								

STRUCTURE

Activité A Listen and react.

Activité B Listen and react.

Activité C Listen and choose.

	1	2	3	4	5	6	7	8
un(e)								
plusieurs								

Activité D Listen and choose.

	1	2	3	4	5	6	7	8
Émile								
Émile et Paul								
Ève								
Ève et Claire								

Activité E Listen and react.

Activité F Listen and answer.

CONVERSATION

Activité G Listen.

Activité H Listen and choose.

	1	2	3	4	5	6	7	8
vrai								
faux								

Nom____ Date ______________________________

PRONONCIATION

Activité I Pronunciation: The final sound /l/

DICTÉE

Activité J Letters and sounds: The final consonants *c, r, f,* and *l*

le sac
le jour—la cour—le soir—cher
neuf—soif—le bœuf—l'œuf
quel—le vol—avril

Activité K Listen to the speaker and fill in the blanks.

—Tu pars par ____________________ ____________________ ?

—Le vol trois cent ____________________ , ce ____________________ .

—Moi, je préfère les vols de ____________________ .

—Moi, pas. Je dors. Et ce n'est pas ____________________ .

DEUXIÈME PARTIE

Activité A Listen and choose.

	1	2	3	4	5	6	7	8
à l'aéroport								
à bord								

Activité B Listen and fill in.

	jour	**N° de vol**	**heure de départ**	**heure d'arrivée**
PARIS-BORDEAUX				
BORDEAUX-MARSEILLE				
MARSEILLE-LYON		———		———
LYON-PARIS		———		

Activité C Listen and choose.

	1	2	3	4	5	6
vrai						
faux						

Nom______________________________ Date ______________

CHAPITRE 8 À LA GARE

PREMIÈRE PARTIE

VOCABULAIRE

Mots 1

Activité A Listen and repeat.

Activité B Listen and choose.

1. a b c
2. a b c
3. a b c
4. a b c
5. a b c
6. a b c

Activité C Listen and answer.

Mots 2

Activité D Listen and repeat.

Activité E Listen and choose.

1. a b c
2. a b c
3. a b c
4. a b c
5. a b c
6. a b c

Activité F Listen and choose.

	1	2	3	4	5	6	7	8	9	10
un porteur										
un employé										
un voyageur										
un contrôleur										

Nom______________________________ Date ____________________

STRUCTURE

Activité A Listen and choose.

	1	2	3	4	5	6	7	8
une personne								
deux personnes								

Activité B Listen and answer.

Activité C Listen and answer.

MODEL: 

1. 

2. 

3. 

4. 

5. 

6. 

7. 

8. 

9.

10. 

CONVERSATION

Activité D Listen.

Activité E Listen and choose.

	1	2	3	4	5	6	7
vrai							
faux							

Nom ______________________________ Date ____________________

PRONONCIATION

Activité F Pronunciation: The sounds /õ/ and /ɛ̃/

DICTÉE

Activité G Letters and sounds: The sound /õ/ spelled *on*
The sound /ɛ̃/ spelled *in* or *ain*

- The sound /õ/ is spelled *o-n.*

Ils montent en seconde.
Ils vont au concert.

- The sound /ɛ̃/ is spelled *i-n* or *a-i-n.*

Le prochain train est demain.
Elle a cinq cousins.

- Notice that before *p* and *b*, *n* is changed to *m: simple, impatient, composter.*

Activité H Listen to the speaker and fill in the blanks.

1. Un aller s ______ ple en sec ______ de, s'il vous plaît.
2. C ______ postez votre billet avant de m ______ ter dans le tr ______ .
3. Nous rép ______ d ______ s au c ______ trôleur.

DEUXIÈME PARTIE

Activité A Listen and fill in.

	Nº train	départ	arrivée	Nº voie
CLERMONT-FERRAND				
BORDEAUX				
TOULON				
MARSEILLE				
DIJON				

Activité A Listen and fill in.

	1	2	3	4	5	6	7	8
vrai								
faux								

Nom ______________________________ Date ______________________

CHAPITRE 9

LES SPORTS ET LES ACTIVITÉS D'ÉTÉ

PREMIÈRE PARTIE

VOCABULAIRE

Mots 1

Activité A Listen and repeat.

Activité B Listen and choose.

______

______

______

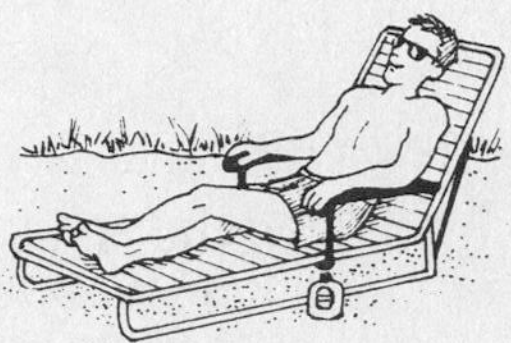

______

______

______

______

______

Activité C Listen and choose.

	1	2	3	4	5	6	7	8
à la plage								
à la piscine								
aux deux								

Mots 2

Activité D Listen and repeat.

Activité E Listen and choose.

	1	2	3	4
la plage				
le court de tennis				
les deux				

Activité F Listen and choose.

	1	2	3	4	5	6	7	8
On va y aller								
On ne va pas y aller								

STRUCTURE

Activité A Listen and choose.

	1	2	3	4	5	6
une personne						
deux personnes						

Activité B Listen and answer.

MODEL:

1. 

2. 

3. 

4. 

5. 

Activité C Listen and choose.

	1	2	3	4	5	6
une fille						
un garçon						

Activité D Listen and choose.

	1	2	3	4	5	6
un homme						
une femme						

CONVERSATION

Activité E Listen.

Activité F Listen and choose.

	1	2	3	4	5	6
vrai						
faux						

PRONONCIATION

Activité G Pronunciation: The sound /y/

DICTÉE

Activité H Letters and sounds: The sound /y/ spelled *ill* or *i*

une fille—une bouteille—juillet—un maillot—un billet

aérien—un avion—canadien—bien—mieux—une assiette

Activité I Listen to the speaker and fill in the blanks.

J'aime ______________ le ______________ , alors tous les ans, au mois de ______________ , je prends mon ______________ , j'achète un ______________ d' ______________ et je vais aux Antilles!

DEUXIÈME PARTIE

Activité A Listen and choose.

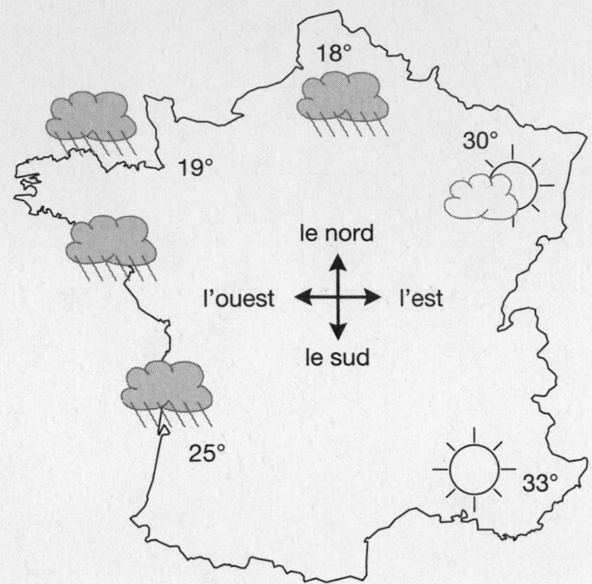

____

Activité B Listen and choose.

____

____

____

____

____

____

Activité C Listen and choose.

1. a b c
2. a b c
3. a b c
4. a b c
5. a b c
6. a b c

Nom_________________________________ Date ____________________

CHAPITRE

10 LES BOUTIQUES ET LES VÊTEMENTS

PREMIÈRE PARTIE

VOCABULAIRE

Mots 1

Activité A Listen and repeat.

Activité B Listen and choose.

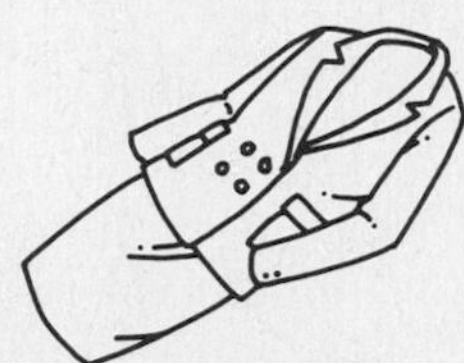
____

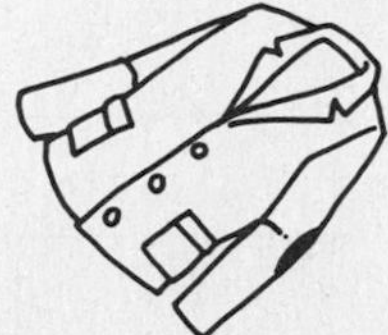
____

____

____

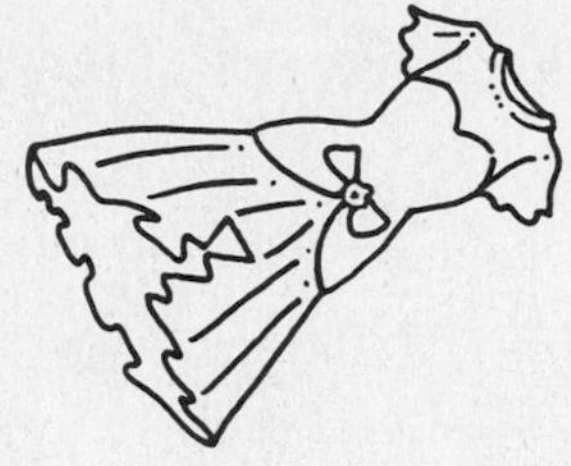
____

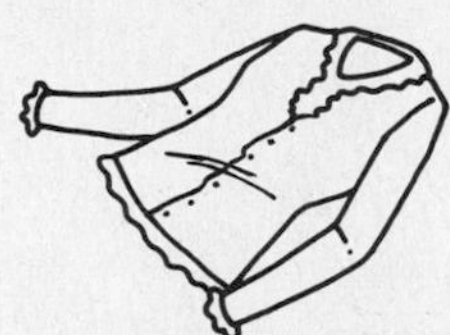
____

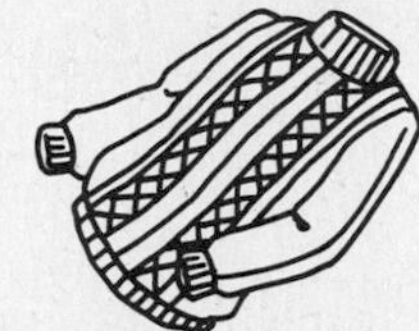
____

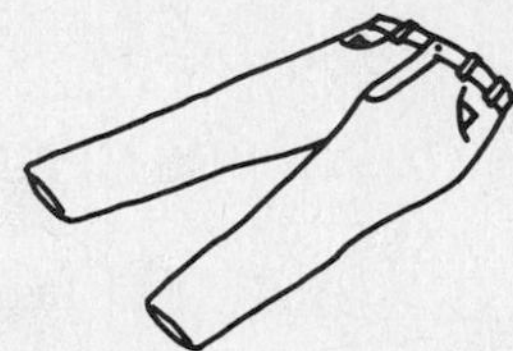
____

Activité C Listen and choose.

	1	2	3	4	5	6	7	8
la boutique d'un grand couturier								
un grand magasin								
les deux								

Mots 2

Activité D Listen and repeat.

Activité E Listen and choose.

étroit ________
bas ________
court ________
au-dessous ________
bon marché ________

Nom ______________________ Date ______________

Activité F Listen and answer.

Activité G Listen and choose.

	1	2	3	4	5	6	7	8
un homme								
une femme								

STRUCTURE

Activité A Listen and answer.

Activité B Listen and choose.

	1	2	3	4	5	6
un garçon						
une fille						

Activité C Listen and react.

CONVERSATION

Activité D Listen.

Activité E Listen and choose.

	1	2	3	4	5	6	7	8
vrai								
faux								

PRONONCIATION

Activité F Pronunciation: The sounds */sh/* and */zh/*

DICTÉE

Activité G Letters and sounds: The sound */sh/* spelled *ch*
The sound */zh/* spelled *j* or *g* + *e* or *i*

chercher—acheter—chemisier—chat—chien—chouette—moche

jaune—beige—orange—jeune—joli—géographie—biologie

Nom ______________________________ Date ______________________

Activité H Listen to the speaker and fill in the blanks.

Je n' ______________ jamais de vêtements bon ______________ .

J' ______________ ______________ des vêtements chers. Mais

______________ , il y a des soldes. Il y a un chouette ______________

______________ , ______________ et ______________ dans une

boutique près de ______________ moi, «Chez ______________ ».

______________ vais voir s'ils ont ma taille!

DEUXIÈME PARTIE

Activité A Listen and choose.

	1	2	3	4	5	6	7	8
un vendeur/ une vendeuse								
un client/ une cliente								

Activité B Listen and choose.

Dialogue 1

	1	2	3	4
vrai				
faux				

Dialogue 2

	1	2	3	4
vrai				
faux				

Activité C Listen and answer.

FILLES

Manteaux, robes, pantalons, chemisiers, etc.

USA	3	5	7	9	11	13
France	34	36	38	40	42	44

Chaussettes, chaussures, bottes

USA	$5-5\frac{1}{2}$	$6-6\frac{1}{2}$	$7-7\frac{1}{2}$	8	$8\frac{1}{2}$	9
France	36	37	38	$38\frac{1}{2}$	39	40

Collants

USA	8	$8\frac{1}{2}$	9	$9\frac{1}{2}$	10	$10\frac{1}{2}$
France	0	1	2	3	4	5

GARÇONS

Manteaux, blousons, costumes, pantalons, etc.

USA	26	28	30	32	34	36	38	40
France	36	38	40	42	44	46	48	50

Chaussettes, chaussures, bottes

USA	$6\frac{1}{2}-7$	$7\frac{1}{2}$	8	$8\frac{1}{2}$	$9-9\frac{1}{2}$	$10-10\frac{1}{2}$
France	39	40	41	42	43	44

Chemises

USA	14	$14\frac{1}{2}$	15	$15\frac{1}{2}$	16	$16\frac{1}{2}$	17
France	36	37	38	39	40	41	42

Nom_______________________________ Date_______________________________

CHAPITRE 11

LA ROUTINE ET LA FORME PHYSIQUE

PREMIÈRE PARTIE

VOCABULAIRE

Mots 1

Activité A Listen and repeat.

Activité B Listen and choose.

	1	2	3	4	5	6	7	8	9	10	11	12
la chambre à coucher												
la salle de bains												
la cuisine												

Activité C Listen and choose.

____

____

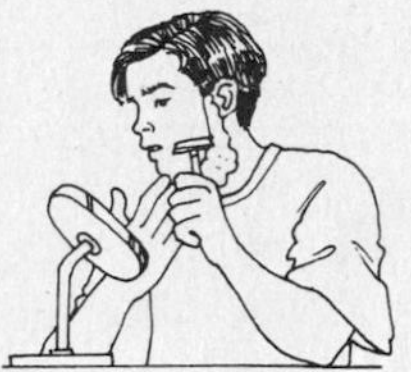
____

____

____

____

Mots 2

Activité D Listen and repeat.

Activité E Listen and choose.

	1	2	3	4	5	6	7	8	9	10	11	12
bon												
mauvais												

Nom ______________________________ Date ______________________

Activité F Listen and choose.

Il mange beaucoup. ________ Il a beaucoup de copains. ________

Il ne mange pas. ________ Il fait du football. ________

Il fait de l'exercice. ________

STRUCTURE

Activité A Listen.

Activité B Listen and choose.

	1	2	3	4
vrai				
faux				

Activité C Listen and answer.

Activité D Listen and answer.

CONVERSATION

Activité E Listen.

Activité F Listen and choose.

1. a b c
2. a b c
3. a b c
4. a b c

PRONONCIATION

Activité G Pronunciation: The sounds /s/ and /z/

DICTÉE

Activité H Letters and sounds: The sound /s/ spelled *ss* between two vowels
The sound /z/ spelled *s* between two vowels

cousin—poison—désert

coussin—poisson—dessert

Activité I Listen to the speaker and write the sentences you hear.

1. ______________________________

2. ______________________________

DEUXIÈME PARTIE

Activité A Listen and choose.

Activité B Listen and choose.

	1	2	3	4	5	6	7	8	9
vrai									
faux									

Activité C Listen and choose.

	1	2	3	4	5	6	7	8
vrai								
faux								

Nom ______________________ Date ______________________

CHAPITRE

12 LA VOITURE ET LA ROUTE

PREMIÈRE PARTIE

VOCABULAIRE

Mots 1

Activité A Listen and repeat.

Activité B Listen and choose.

un vélomoteur ________

un break ________

une motocyclette ________

une voiture de sport ________

une décapotable ________

Activité C Listen and choose.

1. a b
2. a b
3. a b
4. a b
5. a b
6. a b
7. a b
8. a b
9. a b

Mots 2

Activité D Listen and repeat.

Activité E Listen and choose.

	1	2	3	4	5	6	7	8	9	10	11
oui											
non											

Activité F Listen and choose.

	1	2	3	4	5	6	7	8
conduit bien								
conduit mal								

Nom ______________________ Date ______________________

STRUCTURE

Activité A Listen and choose.

	1	2	3	4	5	6
une personne						
deux personnes						

Activité B Listen and react.

Activité C Listen and answer.

Activité D Listen and react.

Activité E Listen and choose.

1. a b c
2. a b c
3. a b c
4. a b c
5. a b c
6. a b c

CONVERSATION

Activité F Listen.

Activité G Listen and choose.

	1	2	3	4	5	6
vrai						
faux						

PRONONCIATION

Activité H Pronunciation: The sound */wa/*

DICTÉE

Activité I Letters and sounds: The sound */wa/* spelled *oi*
The sound */wɛ̃/* spelled *oin*

toi—voie—croisement—croire

vouloir—pouvoir—loin—moins

Activité J Listen to the speaker and fill in the blanks.

1. Je ______________ ce que je ______________ .

2. Il est ______________ ______________ que ______________ .

3. ______________ , je ______________ que c'est ______________ .

Nom______________________________________ Date ______________________________

DEUXIÈME PARTIE

Activité A Listen and choose.

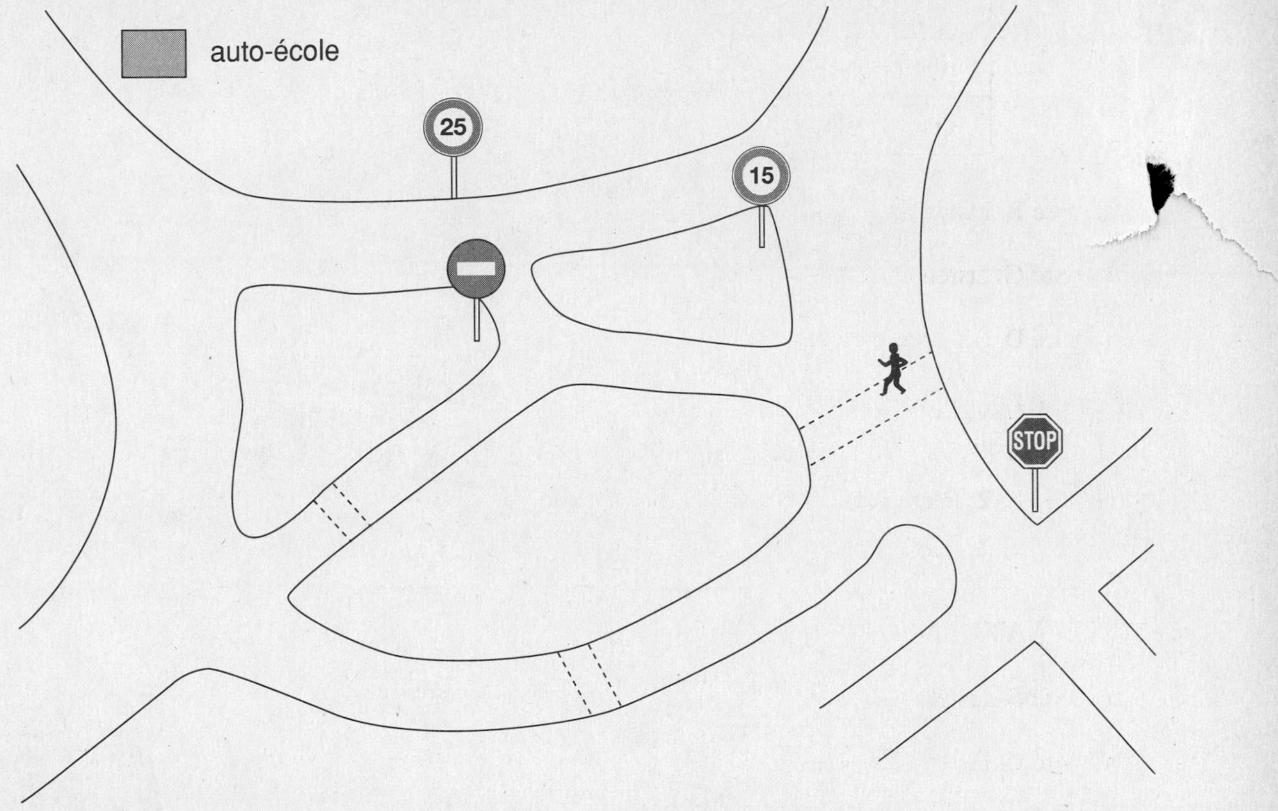

Activité B Listen and choose.

	1	2	3	4	5	6	7	8
vrai								
faux								

Activité C Listen and choose.

	1	2	3	4	5	6	7	8
vrai								
faux								

Nom______________________________ Date____________________

CHAPITRE

13 LES SPORTS

PREMIÈRE PARTIE

VOCABULAIRE

Mots 1

Activité A Listen and repeat.

Activité B Listen and choose.

 ________

 ________

 ________

 ________

 ________

 ________

 ________

 ________

Activité C Listen and choose.

1. a b c

2. a b c

3. a b c

4. a b c

5. a b c

6. a b c

Mots 2

Activité D Listen and repeat.

Activité E Listen and choose.

1. a b c

2. a b c

3. a b c

4. a b c

5. a b c

6. a b c

Nom ________________________ Date ________________________

Activité F Listen and choose.

	1	2	3	4	5	6	7	8	9	10
le base-ball										
le basket-ball										
le football										
le football américain										
le volley-ball										

STRUCTURE

Activité A Listen and choose.

	1	2	3	4	5	6	7	8	9	10
présent										
passé										
futur										

Activité B Listen and react.

CONVERSATION

Activité C Listen.

Activité D Listen and choose.

	1	2	3	4	5	6
vrai						
faux						

PRONONCIATION

Activité E Pronunciation: Liaison and elision

Nom ______________________ Date ______________

DICTÉE

Activité F Letters and sounds: The letter *c* followed by *a, o, u* representing the sound /k/
The letter *c* followed by *e, i* representing the sound /s/
The letter *ç* representing the sound /s/

c + a	c + o	c + u
camp	**coup**	**récupérer**
carrefour	**course**	**charcuterie**
café	**balcon**	**cuillère**
canadien	**chocolat**	**cuit**

c + e	c + i/y
cercle	**cycliste**
célèbre	**circulation**
pièce	**voici**
décembre	**citron**

garçon—français—ça va—leçon—commençons

Activité G Listen to the speaker and fill in the blanks.

1. ________ ________ va, ________ soir?
2. ________ ________ ________ est très ________ .
3. Il mange sa ________ au ________ avec une ________ .
4. La ________ va aller au ________ ________ .

DEUXIÈME PARTIE

Activité A Listen.

Activité B Listen and choose.

	1	2	3	4	5	6	7	8
vrai								
faux								

Nom ____________________ Date ____________________

Activité C Listen and draw.

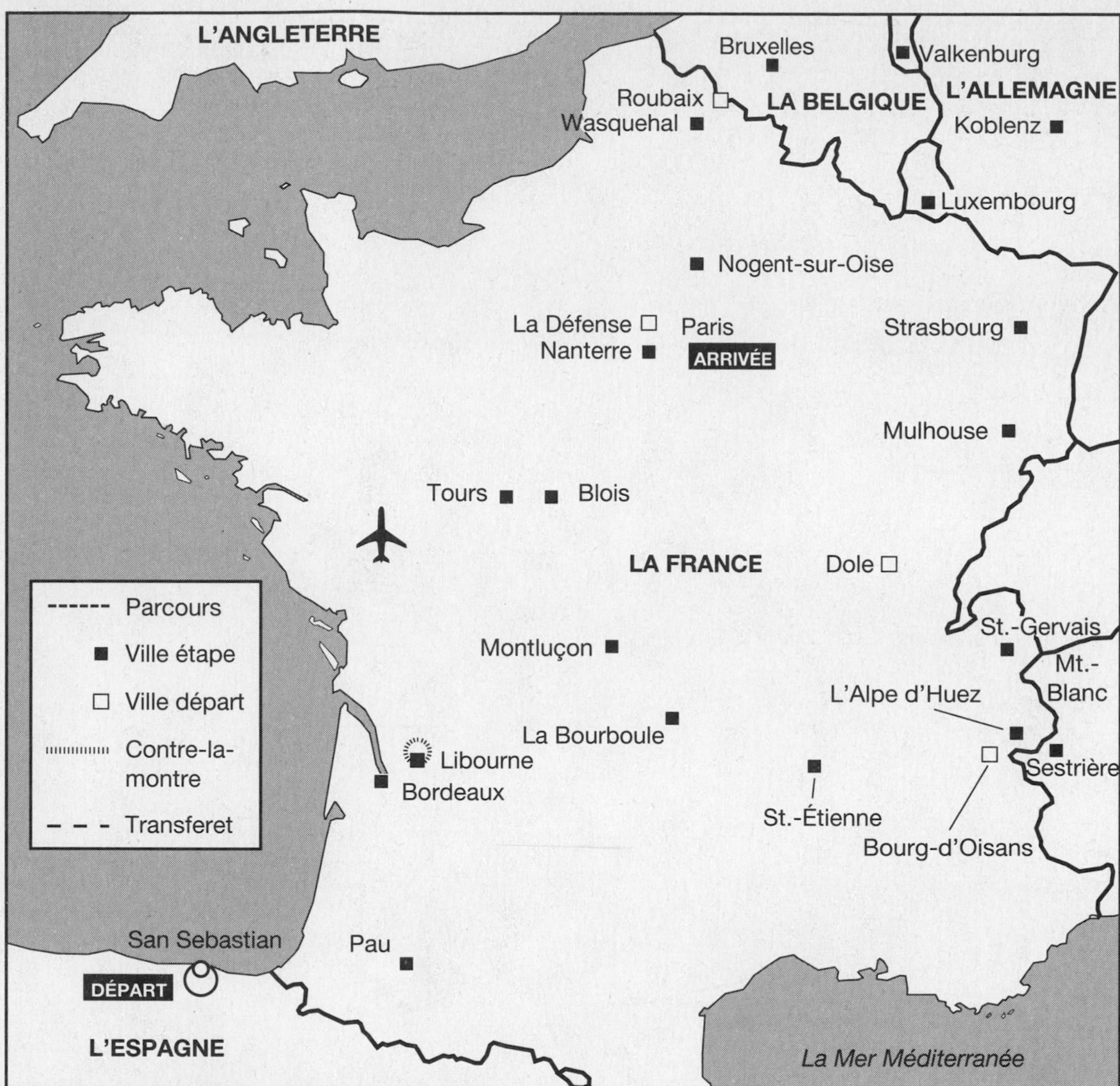

Activité D Listen and choose.

	1	2	3	4	5	6	7	8
vrai								
faux								

Nom_________________________________ Date_____________________

CHAPITRE

14 L'HIVER ET LES SPORTS D'HIVER

PREMIÈRE PARTIE

VOCABULAIRE

Mots 1

Activité A Listen and repeat.

Activité B Listen and choose.

________ ________ ________

________ ________ ________

________ ________

Activité C Listen and choose.

	1	2	3	4	5	6	7	8	9	10
oui										
non										

Nom ________________________ Date ________________

Mots 2

Activité D Listen and repeat.

Activité E Listen and choose.

	1	2	3	4	5	6
en été						
en hiver						

Activité F Listen and choose.

	1	2	3	4	5	6	7
le ski							
le patinage							

STRUCTURE

Activité A Listen and choose.

	1	2	3	4	5	6	7	8	9	10
avoir										
dire										
être										
faire										
lire										
mettre										
pouvoir										
prendre										
voir										
vouloir										

Activité B Listen and react.

Nom ______________________________ Date ______________________

CONVERSATION

Activité C Listen.

Activité D Listen and choose.

	1	2	3	4	5	6
vrai						
faux						

PRONONCIATION

Activité E Pronunciation: Initial sound /r/

DICTÉE

Activité F Letters and sounds: Aspirate *h*
and the sound /t/ spelled *th*

l'hiver/les hivers—l'homme/les hommes—l'horaire/les horaires

le haut-parleur/les hauts-parleurs—le haricot/les haricots—le hall/les halls

sympathique—Catherine—thermomètre—panthère

Activité G Listen to the speaker and fill in the blanks.

1. ____________ est très ____________ .
2. ____________ annonce ____________ ____________ au ____________ - ____________ .
3. J'aime ____________ ____________ et ____________ .
4. ____________ mange une salade ____________ ____________ verts.

Nom________________________________ Date ______________________

DEUXIÈME PARTIE

Activité A Listen and choose.

Activité B Listen and choose.

	1	2	3	4	5	6	7	8
vrai								
faux								

Nom ____________________ Date ____________________

CHAPITRE 15

LA SANTÉ ET LA MÉDECINE

PREMIÈRE PARTIE

VOCABULAIRE

Mots 1

Activité A Listen and repeat.

Activité B Listen and choose.

________ ________ ________ ________

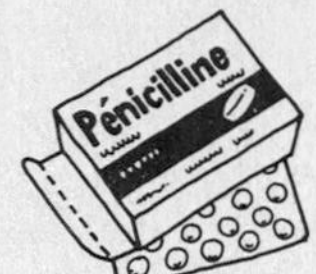

________ ________ ________ ________

Activité C Listen and choose.

________ ________ ________ ________ ________ ________

Mots 2

Activité D Listen and repeat.

Activité E Listen and repeat.

Activité F Listen and choose.

1. a b c
2. a b c
3. a b c
4. a b c
5. a b c
6. a b c
7. a b c
8. a b c
9. a b c
10. a b c
11. a b c

Nom ______________________ Date ______________________

STRUCTURE

Activité A Listen and answer.

Activité B Listen and react.

Activité C Listen and choose.

	1	2	3	4	5	6
un enfant						
un adulte						

CONVERSATION

Activité D Listen.

Activité E Listen and choose.

	1	2	3	4	5	6	7	8
vrai								
faux								

PRONONCIATION

Activité F Pronunciation: The sound */ü/*

DICTÉE

Activité G Letters and sounds: The sound */k/* spelled *qu*

allergique—antibiotique—quelqu'un—qui—quel—quatre—piquer

Activité H Listen to the speaker and fill in the blanks.

1. ______________ ______________ j'ai les yeux ______________ ______________ .

2. ______________ ______________ ______________ ______________ il vous a prescrit?

3. C'est ______________ de ______________ !

4. Nous ______________ sur le ______________ N° ______________ .

Nom ______________________________ Date ______________________

DEUXIÈME PARTIE

Activité A Listen.

Activité B Listen and check.

1. ________
2. ________
3. ________
4. ________
5. ________
6. ________
7. ________
8. ________
9. ________
10. ________

Activité C Listen and fill in.

	quantité	moment de la journée	durée
antibiotique			
suppositoires			
vitamine C			

Activité D Listen and choose.

	1	2	3	4	5	6	7	8
vrai								
faux								

Nom______________________________ Date ____________________

CHAPITRE

16 LES LOISIRS CULTURELS

PREMIÈRE PARTIE

VOCABULAIRE

Mots 1

Activité A Listen and repeat.

Activité B Listen and identify.

Activité C Listen and choose.

	1	2	3	4	5	6	7	8
un film de science-fiction								
un documentaire								
un film d'amour								
un film policier								
une comédie								
un film d'aventures								
une comédie musicale								
un opéra								

Nom______________________ Date ______________________

Mots 2

Activité D Listen and repeat.

Activité E Listen and choose.

	1	2	3	4	5	6	7	8	9	10	11	12	13
au musée													
au cinéma													

STRUCTURE

Activité A Listen and choose.

	1	2	3	4	5	6	7	8
connaître								
savoir								

Activité B Listen and choose.

	1	2	3	4	5	6	7	8
un homme								
une femme								
un homme et une femme								

Activité C Listen and answer.

Activité D Listen and choose.

	1	2	3	4	5	6	7	8	9	10
au										
en										

Activité E Listen and answer.

Nom ______________________________ Date ______________________

Activité F Listen and choose.

	1	2	3	4	5	6	7	8	9	10
du										
de (d')										

Activité G Listen and react.

CONVERSATION

Activité H Listen.

Activité I Listen and check.

	1	2	3	4	5	6	7	8
vrai								
faux								

PRONONCIATION

Activité J Pronunciation: The sounds */u/* and */ü/*

DICTÉE

Activité K Letters and sounds: The letter *g* followed by *a, o, u* representing the sound */g/*

g + a	g + o	g + u
garage	gomme	figure
gâteau	gorge	
garer	rigoler	
gauche		
gant		

guerre—guide—guichet—guitare

Activité L Listen to the speaker and fill in the blanks.

1. On a ______________ la voiture dans le ______________ .
2. Le ______________ est dans la ______________ .
3. Lave-toi la ______________ avec le ______________ de toilette.

Nom ______________________ Date ______________________

DEUXIÈME PARTIE

Activité A Listen and choose.

	1	2	3	4	5	6	7
à l'opéra							
à un concert de rock							
au cinéma							
à une exposition							
au zoo							
au théâtre							
à une discothèque							

Activité B Listen and circle.

La Chartreuse de Parme	L	M	M	J	V	S	D	12h	14h	16h	18h	20h	22h
Le Rouge et le Noir	L	M	M	J	V	S	D	12h	14h	16h	18h	20h	22h
Les Orgueilleux	L	M	M	J	V	S	D	12h	14h	16h	18h	20h	22h
Pot Bouille	L	M	M	J	V	S	D	12h	14h	16h	18h	20h	22h

Activité C Listen and choose.

	1	2	3	4	5	6	7	8	9	10
vrai										
faux										

Nom______________________________________ Date ______________________

CHAPITRE

17 L'HÔTEL

PREMIÈRE PARTIE

VOCABULAIRE

Mots 1

Activité A Listen and repeat.

Activité B Listen and choose.

1. a b c
2. a b c
3. a b c
4. a b c
5. a b c
6. a b c

Activité C Listen and choose.

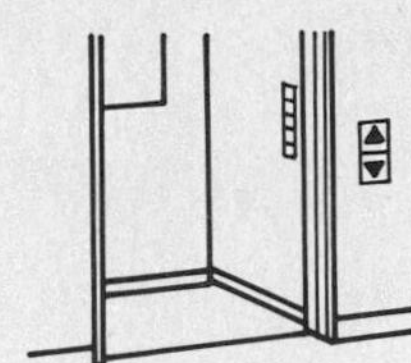

Mots 2

Activité D Listen and repeat.

Nom ______________________ Date ______________________

Activité E Listen and choose.

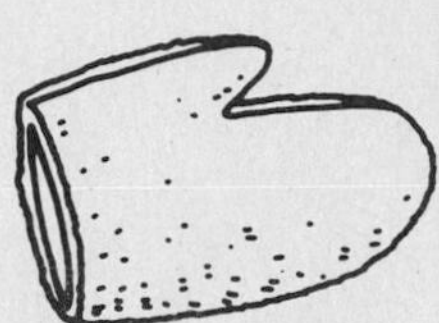

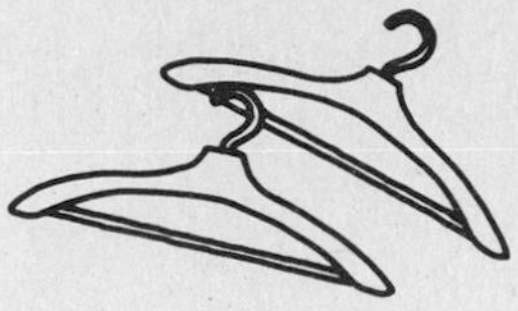

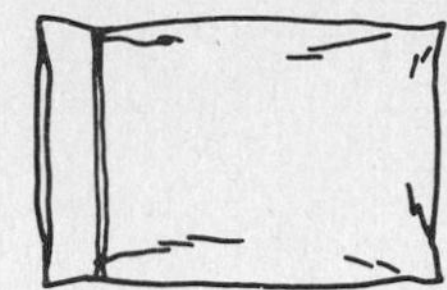

Activité F Listen and choose.

	1	2	3	4	5	6	7	8	9	10
dans la chambre										
dans la salle de bains										
dans le placard										
à la caisse										

STRUCTURE

Activité A Listen and react.

Activité B Listen and answer.

CONVERSATION

Activité C Listen.

Activité D Listen and check.

	1	2	3	4	5	6	7	8
vrai								
faux								

PRONONCIATION

Activité E Pronunciation: The sounds /ó/ and /ò/

Nom ______________________ Date ______________________

DICTÉE

Activité F Letter and sounds: The sound /ó/ spelled *o, ô, au, eau*
The sound /ò/ spelled *o*

note—porte—oreiller—personne—donner—dormir—sortir

radio—vidéo—hôtel—contrôle—chaud—nautique—rouleau—cadeau

Activité G Listen to the speaker and fill in the blanks.

1. Dans l' ______________, le ______________ pour le ______________ et le froid est à ______________ de la ______________ .

2. Comme ______________, je vais lui ______________ des ______________ ______________ .

3. Son ______________ et lui prennent des leçons à l' ______________ - ______________ .

4. J'aime ______________ ce ______________ .

DEUXIÈME PARTIE

Activité A Listen and choose.

NOM	CHAMBRE	MESSAGE
Mme Leblanc		**Rendez-vous à ______________ heures sous la ______________ de Danton, ______________ Odéon. Georges**
Jean Gillier		**M. Léon va ______________.**
Pierre Marie		**Rendez-vous annulé cet ______________ - ______________. Corinne**
Mlle Brion		**Votre ______________ est prête. Vous ______________ passer quand vous ______________.**
Serge Morin		**J'ai ______________ le ______________ de tes rêves aux Puces de Clignancourt. ______________-moi. Catherine**
M. et Mme Frankel		**______________ encore pour le ______________ déjeuner. À ______________. Merci. Jeanne**

Nom ______________________ Date ______________________

Activité B Listen and match.

MARC

ALAIN ET MARTINE

MARCEL DE BOULOGNE

M. SIÉGEL

BLANCHE MARTIN

Relais-Château l'Hermitage

Restaurant gastronomique
Panorama exceptionnel avec vue sur le lac
Piscine chauffée – sauna
Golf 18 trous
Dans toutes les chambres:
salle de bain avec baignoire
meubles anciens
télévision – câbles
téléphone – Minitel

Auberge du Bonheur

26 chambres romantiques au cœur d'une forêt de sapins
Calme et discrétion
L'hôtel sert le petit déjeuner
Région pittoresque et animée

Gîte rural

2 appartements confortables dans région agricole
Idéal pour week-ends et petites vacances
Près d'un centre touristique avec piscine (aqualand), bowling, Mini-Golf, centre commercial

Auberge de Jeunesse

112 lits dans 45 chambres
Possibilité de séjour = 3 jours maximum
18 ans minimum
27 ans maximum
Cuisine commune

Hébergement pour groupes

(écoles, collèges, colonies de vacances, classes de nature, classes de neige, classes de découverte)
4 dortoirs de 12 lits
8 chambres de 4 et 4 chambres individuelles
2 salles à manger - salle de télévision - salle d'études
Maximum 100 participants
Restauration familiale
Près des pistes
Au cœur d'une région de montagnes
(Été - Hiver)

Activité C Listen and choose.

	1	2	3	4	5	6	7	8
vrai								
faux								

Nom_______________________________ Date _______________________

CHAPITRE

18 L'ARGENT ET LA BANQUE

PREMIÈRE PARTIE

VOCABULAIRE

Mots 1

Activité A Listen and repeat.

Activité B Listen and identify.

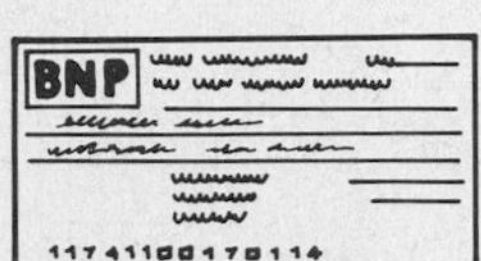

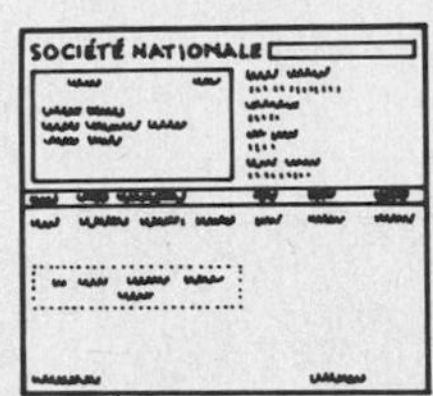

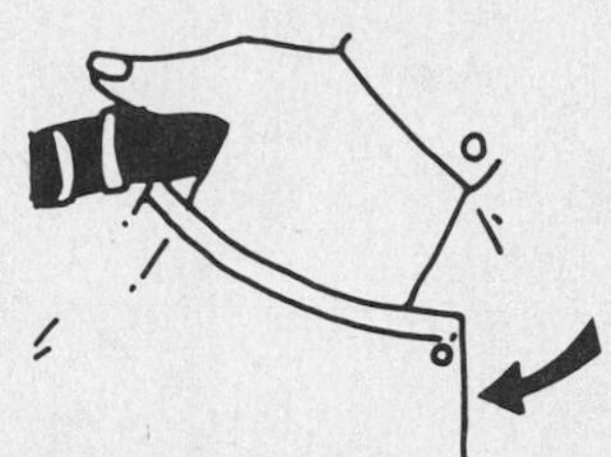

Activité C Listen and choose.

	1	2	3	4	5	6	7	8
à la banque								
au bureau de change								

Mots 2

Activité D Listen and repeat.

Activité E Listen and choose.

1. a b c
2. a b c
3. a b c
4. a b c
5. a b c
6. a b c
7. a b c

Nom ______________________ Date ______________

STRUCTURE

Activité A Listen.

Activité B Listen and choose.

	1	2	3	4	5	6
vrai						
faux						

Activité C Listen and answer.

Activité D Listen and answer.

Activité E Listen and choose.

	1	2	3	4	5	6	7	8
une personne								
deux personnes								

Activité F Listen and react.

CONVERSATION

Activité G Listen.

Nom________________________________ Date____________________

Activité H Listen and check.

	1	2	3	4	5	6	7	8
vrai								
faux								

PRONONCIATION

Activité I Pronunciation: The sounds /*p*/, /*t*/, /*k*/

DICTÉE

Activité J Letters and sounds: The sound /*ny*/ spelled *gn*

épargne—montagne—magnifique—espagnol—compagnie—peigne—gagner

Activité K Listen to the speaker and fill in the blanks.

1. Cette ________________ est ________________.
2. Il a ________________ un voyage en ________________.
3. C'est une ________________ aérienne ________________.

DEUXIÈME PARTIE

Activité A Listen and choose.

1. Armelle n'a pas trouvé de travail dans une banque.
2. Elle est contente dès le début de travailler là.
3. À 18 ans, c'est amusant de travailler dans une banque.
4. Armelle remplit des formulaires à la banque.
5. Elle veut dépenser son argent tout de suite.
6. Elle veut aller en Chine.
7. Elle veut acheter un nouveau compact disc.
8. Armelle est contente de gagner de l'argent.

vrai	faux

Nom ______________________ Date ______________

Activité B Listen and fill in.

LA POSTE
DCV-01

ACHAT ☐ VENTE ☐ DE BILLETS ETRANGERS

à M ______________________
(nom, prénom)
____
(adresse)
____
____

DEVISE	CODE	MONTANT
	45	

COURS	CONTRE-VALEUR
COMMISSION	
NET	

À ______________, LE ______________
SIGNATURE DU CLIENT,

Activité C Listen and choose.

	1	2	3	4	5	6	7	8
vrai								
faux